親だからできること
伝えたいこと

子どもが
結婚を決めたら
親が読む本

冠婚葬祭コンサルタント
清水勝美
監修

日本文芸社

子どもの結婚と親の役割

長年成長を見守ってきたお子さんの結婚ですから、ご両親にとってはは喜びもひとしおのことと思います。

今どきの結婚スタイルは多様化しています。以前と比べて、結婚にまつわるしきたりもさほど重要視されなくなりました。実際に、結納をしない、仲人を立てないというカップルが年々増えてきているのも事実です。

子どもの結婚準備をはじめるにあたり、親がこのような現在の結婚事情を知っておくことは大切です。もちろん、昔ながらのしきたりを重んじた結婚式を望むご両親もいらっしゃることでしょう。しかし、まずは子どもたちがどんな式を望んでいるのかを聞いてあげてください。

親はどうしても、子どものためによい式を、との思いからつい口出しをして、自分たちの意見を押しつけてしまいがちです。結婚式ではあくまでも子どもたちが主役ですから、本人たちの希望が叶えられるようにサポートに徹します。基本的に準備は子どもたちにまかせましょう。準備していくなかで本人たちにもわからないことがでてくるはずです。そのときはきっと親を頼りにしてくることでしょう。もし子どもたちから相談を受けたらアドバイスをし、必要なしきたりやマナーについてさりげなくフォローをしてあげるのが、今の時代の親の役割といえます。

この本では現在の結婚事情を取り入れつつ、必要なしきたりやマナーはもちろん、親が関わるべきポイント、親類、ゲストとのおつきあい方法を紹介しています。子どもの結婚にまつわる疑問や不安点を解消するためにお役立ていただけると幸いです。

清水勝美

お子さんが素晴らしい人生の門出を迎えられますよう、ご祈念申し上げます。

Contents

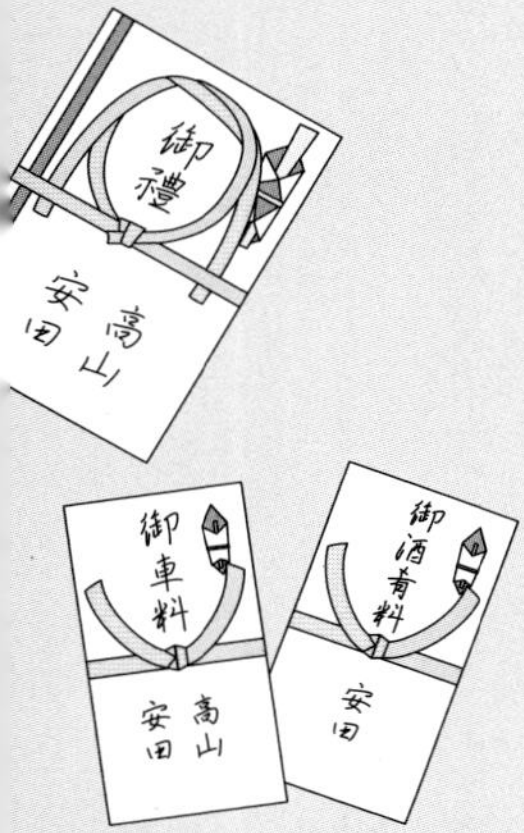

御禮
高山
安田
御酒肴料
安田
御車料
高山
安田

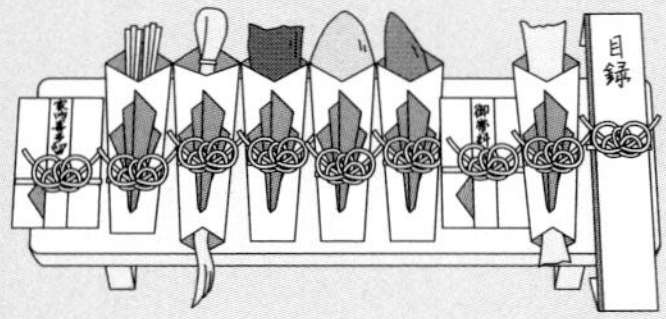

目録

Part★2

結婚準備〜結婚編

Contents

Part★3 新生活編

Contents

［はじめに］

子どもの結婚

婚約から新生活までのスケジュール

子どもの結婚について、まずは婚約から新生活までのスケジュールを把握しておきましょう。親がどのタイミングでどんなことをすればよいのか、理解しやすくなります。

親子のスケジュール

挙式8～6カ月前

婚約の準備を進めつつ、
挙式の日取りと会場を決めておきます。

親のすること

話を聞いて、子どもの結婚意志を確認
Check!「子どもが結婚したいと言ったら」 P.24

相手を迎え、もてなす
Check!「子どもの交際相手に会う」 P.26

相手の親と会う日を決める
Check!「相手の親や家族と会う準備をする」 P.30

相手の親と会って婚約・挙式について話し合う
Check!「相手の親や家族とはじめて会う」 P.32

子どものすること

両親に結婚の意志を伝える

親へ結婚報告・相手の家へ訪問

婚約の形式をどうするか決める

Check!
「婚約の形式を決める」P.34
「結納をする場合」P.36

仲人をどうするか決める

Check!
「仲人を依頼する場合」P.38

仲人や媒酌人の依頼

子どもたちの希望を聞き、アドバイスする

Check!
「挙式・披露宴のプランを決める」P.72

挙式・披露宴のスタイルの決定

日取りと会場決めをアドバイスする

Check!
「日取りや式場を決める」P.74

日取り・会場の決定

結婚費用について話し合う

Check!
「挙式・披露宴の費用について」P.76

挙式・披露宴のための準備が中心になります。
子どもたちと相談しながら進めます。

挙式6～3カ月前

親のすること

Check!
結納または婚約食事会などを行う
「略式結納」P.48〜
「正式結納」P.52
「そのほかの婚約形式」P.58

Check!
子どもの衣装選びをアドバイスする
「衣装を決める［新郎・新婦］」P.80

Check!
親や親族の衣装の準備をする
「衣装を決める［両親・親族］」P.82

Check!
親族の誰を招待するか選ぶ
「招待客を選ぶ」P.84

子どものすること

婚約指輪の購入

新郎新婦の衣装選び

招待客選び

Check!

親族向けの引き出物を選ぶ

「引き出物・ギフトを選ぶ」 P.90

Check!

披露宴の料理選び、席次決めをアドバイスする

「披露宴の料理を決める」 P.92

「披露宴の席次を決める」 P.94

Check!

披露宴の謝辞原稿を考える

「親の謝辞原稿をつくる」 P.96~

Check!

新居選びのアドバイスをする

「新生活のプランと新居選び」 P.112

- 引き出物選び
- 挙式形式、披露宴の内容の決定
- 新婚旅行の予定を立てる
- 二次会について決める
- 婚礼衣装の決定
- 新居選びと新生活の準備

披露宴の内容と招待客について、
この時期に確定しておきます。

3～2カ月前

親のすること

Check!
招待状の文面を確認する
「招待状の書き方・送り方」
P.86

スピーチする人を確認する

Check!
必要であれば、新生活についてアドバイスする
「新生活の準備をする」
P.114

子どものすること

- 招待客の決定、招待状の印刷・発送
- 披露宴の司会者依頼
- 披露宴のスピーチ依頼
- 結婚指輪の購入
- 新婚旅行の予約
- 新居の家具類をそろえる

2～1カ月前

披露宴の席次を確定し、新居や引越しの手配など、新生活の準備をはじめます。

- 披露宴のスタッフを確認する
- 招待状の返信を確認する
- 披露宴の席次を決める
  - Check! 「披露宴の席次を決める」P.94
- 席札の親族の名前、肩書きをチェックする
- 必要であれば、引っ越しを手伝う

- 勤務先に結婚報告
- 受付、司会など、披露宴スタッフの依頼
- 席札、メニュー表、ペーパーアイテム、ウェルカムボードなどの準備
- 披露宴の進行とプログラム決定
- 新居の決定、引っ越しの手配

1カ月〜2週間前

挙式・披露宴準備もいよいよ大詰め。
変更すべき点があればこの時期に行います。

親のすること

- 謝辞を読む練習をする
- 各種届出について、子どもたちに確認する
  Check!「結婚にまつわる手続き」P.174
- 必要であれば、引っ越しを手伝う

子どものすること

- 挙式・披露宴の演出の決定
- 二次会の準備
- 新婚旅行の準備
- 婚姻届、各種届出の準備
- 結婚通知状の準備
- 結婚費用の支払い
- 引越し準備

1週間前〜前日

挙式に向けて、持ち物の用意と確認作業を中心に行います。

Check!
出席者の人数、席次、進行を確認する
「式前日までの準備と確認」
P.116

家族の衣装や持ち物を準備する

Check!
「お礼」「車代」を渡す相手を確認する
「心づけ、車代の渡し方」
P.122

遠方から招く親族の宿泊確認をする

媒酌人・立会人にあいさつする

当日精算分の費用の準備をする

- 会場担当者と最終打ち合わせ
- 司会者と進行の最終確認
- 婚礼衣装・小物の確認
- 新居のそうじ
- 二次会の最終打ち合わせ
- 挙式当日のお礼と車代の用意
- 当日の持ち物を確認
- 衣装、小物などを会場に搬入

親がすべきことはたくさんあります。
落ち着いた対応で子どもたちのサポートを。

挙式当日

親のすること

指定時間に会場に入る

Check!
招待客やスタッフの対応をする
「式場到着後の親の役割」P.120

媒酌人にあいさつする

進行の最終確認をする

挙式
Check!
「式次第とマナー」P.124〜

子どものすること

着付け・ヘアメイク

親族紹介・写真撮影

Check!
「親族紹介と写真撮影」P.132

控え室で招待客にあいさつする

Check!
「披露宴前の親の役割」P.134

披露宴

Check!
「披露宴の進行と親の役割」P.136
「花束の贈呈と謝辞を行う」P.146

媒酌人にあいさつ、見送りをする

二次会

挙式後

内祝いや結婚通知などのお礼を欠かさないよう、
きちんと親からアドバイスをします。

親のすること

式場費用を精算する

Check!
「挙式後に親がすること」P.156

媒酌人宅へのあいさつにいく

お祝い返し・結婚通知を送る

Check!
「お祝い返しと結婚通知」P.158

子どものすること

新婚旅行

披露宴のビデオ、写真整理

子ども夫婦に干渉しすぎることなく、新生活を見守ります。

新生活

Check!
同居の場合は近所へのあいさつまわりに
「子ども夫婦とのかかわり方［同居の場合］」
P.160

Check!
相手の親・親族とおつきあいする
「結婚相手の親とのつきあい方」
P.164

Check!
子ども夫婦の子育てを見守る
「子ども夫婦に赤ちゃんができたら」
P.166

近所へのあいさつまわり

親戚とのつきあい

出産・育児

婚約から新生活までかかる費用はどのくらい？

首都圏の結婚費用の平均額を項目ごとに挙げてみました。それぞれにかかる費用がどのくらいかを確認しておきましょう。

婚約から挙式・披露宴、新婚旅行まで

注）結納を行い、披露宴は招待客70人で計算。

内訳	平均額（万円）
結納・会場費	12.8
※結納を食事会にする場合・会場費	6.9
婚約指輪	36.7
結婚指輪（2人分）	21.5
挙式料	26.8
披露宴の料理・飲み物	126
新婦の衣装	40.4
新郎の衣装	14.6
ブライダルエステ	8.9
引き出物	42
ブーケ（1個あたり）	2.8
会場装花	17.8
ウェルカムアイテム	1.3
スナップ撮影（業者に払った費用）	20.7
ビデオ（業者に払った費用）	16.5
新婚旅行	52.4

合計441.2万円（結納でなく食事会の場合　435.3万円）

新生活

内訳	平均額（万円）
インテリア・家具の購入総額	44.9
家電製品の購入総額	41.0
賃貸初期費用（敷金・礼金）	28.6
引っ越し費用	6.9

合計121.4万円

合計562.6万円

『ゼクシイ結婚トレンド調査2010　首都圏版』をもとに作成

Part＊1

婚約編

子どもの結婚が決まったら、
正式な婚約を交わすための準備に入ります。
この段階で親がすべきことをきちんと把握して、
相手や相手の親と話し合いながら、
今後の段取りや、費用のことについて決めます。

子どもが結婚したいと言ったら

子どもにとって、親に結婚の話を持ち出すのは勇気のいること。質問や親としての意見は後回しにして、寛容な態度で話を聞きましょう。

まずはじっくり話を聞く

子どもから「結婚を考えている相手がいる」と言われたら、歓迎の気持ちを示し、子どもが自分から話しやすい環境をつくってあげることが大切です。

まずは質問や反対意見をはさまずに、子どもの話に耳を傾けましょう。「ちゃんと話を聞いてくれる」という安心感があれば、相手のことや、不安に感じていることを正直に話してくれるはずです。

子どもにとって親は、もっとも自分のことを真剣に考えてくれる相談相手です。何か悩みがあるようならすべて打ち明けるように促し、相談に乗るようにしましょう。

相手について不安に思うことがあっても、その場で反対するのではなく、相手に会って人柄を見きわめてから、もう一度話し合って結論を出すようにします。

結婚の意志と将来のプランを認識させる

話を聞き終えたら、ふたりの結婚の意志が固いのか、結婚後の生活プランを考えているか、結婚生活を続けていける経済的な基盤があるかを確認しましょう。

子どものなかで、まだ将来のプランが漠然としていたり、すぐに答えを出せない場合でも、問いかけることで、自分たちの将来をしっかりと考えさせ、問題点がないかを確認させるきっかけになります。

相手と会う日取りを調整する

子どもの話を聞いて不安に思うことがあっても、相手に会ってみると解消することもあります。

ふたりがすでに結婚の意志を固めているなら、すぐに予定を調整して相手に会ってみましょう。親が相手に会う意志を見せることで、子どもは安心します。

子どもとよく相談して、都合のよい日を何日かピックアップし、相手とのスケジュールを調整してもらいます。子どもの将来を左右する大切な日ですから、ゆっくり話ができるよう、双方のスケジュールに余裕がある日を選ぶようにしましょう。

子どもに確認するポイント

Check!

- □相手は子どもを大切にしてくれているか
- □相手は結婚を承諾しているか
- □結婚後の生活プランをきちんと考えているか
- □結婚生活を続けていける経済的な基盤はあるか
- □相手との間に大きな金銭感覚の違いはないか
- □結婚後の苦難を乗り越えていく決意はあるか
- □相手と会う日取りの調整

子どもの意見！

●まずは相手に会って話を聞いてほしい

彼との結婚話を親に持ちかけても「まだ早すぎる」と言われ、話を聞いてくれません。年齢的にも早すぎることはないと思うし、まず彼と会って、一緒に話し合いをさせてほしいです。

●親の時代と価値観が違うことを理解してほしい

彼女との共働きを前提に結婚を考えているのですが、親は「家族は男が養うもの」と考えていて、結婚に反対しています。これからも働きたいという彼女の気持ちを理解してくれればと思います。

●相手の人柄を大切にしてほしい

親に「結婚したい人がいるんだけど」と話をしたら、相手の仕事や収入のことばかり聞かれました。生活力は大切だと思いますが、彼の人柄のこともちゃんと理解してほしいです。

●もっと彼のことを信用してほしい

両親は彼とのおつきあいが気になるみたいで、出かけるたびに、デートの行き先や食事の内容を聞かれます。あまり詮索されると、彼のことを信用していないのかな、と思ってしまいます。

子どもの交際相手に会う

はじめての顔合わせで緊張するのは子どもや相手も同じ。相手が話しやすいよう、リラックスした場をつくることを心がけましょう。

場所は自宅が一般的

子どもの交際相手にはじめて会うときは、自宅に招くのが一般的です。普段どおり、あまり気構えずに迎えるようにしましょう。

食事を用意しておくのもよいですが、食べるのは話を済ませてから。気張ったものより、家族でいつも食べているようなものが喜ばれます。お酒を出すなら一杯程度に。相手が飲めない場合は無理にすすめないようにします。

こちらの都合で外で会うときは、まず自宅に招けなかったことをお詫びします。場所は、落ち着いて話ができるレストランなどの個室がおすすめです。

息子の交際相手と会う場合は？

母親は同じ女性として、つい厳しい目で相手を見てしまいがちです。欠点を探そうとするのではなく、自分の子どもがその女性のどんなところに惹《ひ》かれたのかを考え、相手のよいところを見つけるよう心がけましょう。

最初は相手も緊張していますから、同じ女性として、相手がリラックスして話せるよう、場をなごませるのも大切です。家事のことや、子どもをどうするかなどの話は、相手の緊張が解けてから切り出すようにします。

父親はあまりなれなれしくせず、どっしりと構えているようにしましょう。

娘の交際相手と会うときは？

父親は、娘の交際相手に対してつい感情的になり、冷静さを失いがちです。落ち着いた態度と、話をちゃんと聞く姿勢を心がけて、娘を任せられる相手かどうかを見きわめましょう。

頼りなく感じても、これから家庭をたくましく支えていける将来性があるかを見るのが大切です。仕事や収入について尋ねるのは、相手がひと通りの話を終えてからにします。

母親は、父親が感情的にならないよう場をなごませることが大切。そのうえで、相手が娘を大切にしてくれる人かどうかを見ます。

子どもの相手のチェックポイント

Check!

- □服装やしぐさなどに好感が持てるか
- □言葉づかいやマナーはしっかりしているか
- □自分の子どもや周囲への気配りができているか
- □まじめに仕事に取り組んでいるか
- □結婚後の生活についてビジョンがあるか
  （仕事や出産、育児、住居など）
- □時間やお金にルーズでないか
- □借金や異性関係の問題、ギャンブル癖はないか

親のトークワザ

●どんな話題から入ればいい？

最初は相手も緊張していますから、出身地や趣味など、その場の全員が会話に加われるような話題から入り、場をリラックスさせることが大切です。

こちらから質問するときは、詰問調にならないように気をつけましょう。

●相手に好印象を与えるには？

まずは結婚を心から祝福していることを伝え、あとは普段どおりの自分たちを見てもらいましょう。

会話の内容や気づかい、迎えるときの服装も大切ですが、なによりも「自分があたたかく迎えられている」という気持ちになってもらうことが好印象につながります。

おつきあいポイント

●交際相手が遠方から来る場合

子どもの相手が遠方で日帰りが難しい場合、家に泊めるのは避け、近くのホテルを紹介するようにしましょう。

少し冷たく感じるかもしれませんが、結婚前のけじめをふたりに理解させるのも親の役割のひとつです。

●子どもがあいさつにいく場合

逆にこちらの子どもが遠方へあいさつにいくときも、必ずホテルを手配しておくようにします。相手の家に泊まるようすすめられても、ていねいにお断りするよう伝えておきましょう。すでに相手の親と面識がある場合でも、3～5千円くらいの手みやげを持っていかせるようにします。

交際相手に心配な点があったら

自分の子どもが選んだ相手ですから、積極的に魅力を探して。自分の価値観や偏見を捨て、「人」を見るようにしましょう。

服装や態度が気になる

親の世代と現代の若者とでは、さまざまな点で価値観が異なります。自分の世代の価値観だけで相手を判断していないか、冷静に考えてみましょう。
どうしても気に入らない点があるときは、その場で指摘せず、あとで家族や子どもと相談しましょう。子どもの目を通じた相手の姿を聞けば、違った一面が見えてくることもあります。

Check!

- □親の価値観だけで相手を判断していないか
- □勢いだけで結婚を急いでいないか
- □子どもに対する相手の愛情は本物か

おめでた婚

近年では３組に１組はおめでた婚。ふたりが納得した結婚なのかを確認し、子どもを授かったことを喜んでいるなら、祝福してあげましょう。
まずは女性の心身をいたわり、出産の準備に集中できるようにしてあげることが大切です。男性には、人生の先輩として、これから一家を支えていく自覚を促し、アドバイスを送りましょう。

Check!

- □ふたりが納得した結婚なのか
- □妊娠で不安定な女性を男性がちゃんと支えているか
- □男性に大黒柱としての自覚があるか

相手が再婚

まずは離婚の原因についてしっかりと確認を。きちんと過去を清算できているようなら、大切なのは「今」です。偏見を持たず、きちんと人柄を評価しましょう。

相手に親権がある場合、子を育てる決意があるか、自分の子どもに確認します。親権がない場合でも、養育費がふたりの経済的負担にならないか、よく話し合っておきます。

Check!

- □異性問題やギャンブル、暴力、飲酒癖などの問題がないか
- □（親権がある場合）子どもを育てる決意がふたりにあるか
- □（親権がない場合）養育費が生活を圧迫しないか

相手が外国人

近年では約 20 組に 1 組が国際結婚。珍しいことではなくなったとはいえ、異なる文化で育ったふたりが結婚して共に生活していくには、何よりも本人たちの絆の強さが大切です。
価値観やしきたり、宗教の違いなどを、力を合わせて乗り越えていく覚悟があるかを確認しておきましょう。

Check!

- □文化や宗教の違いを乗り越えられるか
- □ふたりの国籍や住む国はどうするのか
- □子どもが生まれたら国籍はどうするのか

生活力に不安がある

フリーターや収入に不安のある相手の場合、結婚後の生活費や将来について考えているか確認します。共働きするつもりでも、女性は出産や育児期にどうするかが問題です。

数年後、数十年後の生活を話し合うことをすすめましょう。

Check!

- □生活費の計算はできているか
- □将来の生活設計はできているか
- □子どもができたときのことを考えているか

Part★1 婚約編

相手の親や家族と会う準備をする

本人たちの結婚をスムーズに進めるためには、親どうしのお互いの印象も大切。服装や当日の話題をしっかり準備しておきましょう。

場所はレストランの個室が主流

本人たちがお互いの親へあいさつをすませて結婚の承諾を得たら、次は親どうしの顔合わせです。実際に相手の親と顔を合わせることで、これからの段取りの決定や結婚費用などの話し合いもスムーズになりますし、家庭の様子がわかれば、結婚相手への理解も深まります。

両家の顔合わせは、どちらかの家族に負担がかたよることがないよう、レストランやホテルなどの個室で行うのが最近の主流になっています。結納を別にする場合でも、事前の打ち合わせの意味も含めて、先に両家で会う場を設けるのが理想です。

顔合わせの場所や段取りについては、本人たちにまかせましょう。相談を受けたら、子どもの考えをよく聞き、アドバイスにとどめること。大事なのは、結婚する本人たちと両家が納得できるようにすることです。

両家の実家が離れている場合

かつては、遠くても男性側が親と一緒に女性側の実家に訪問するのがしきたりでした。しかし最近では、男性側に負担がかたよらないように、中間地点で会うことが多くなっています。

結納式や披露宴を行う場所がすでに決まっているなら、下見を兼ねて会場にするのもいいでしょう。

相手宅へ訪問する・自宅でもてなす

息子と一緒に、女性の実家を訪問する場合には、相手があまり気をつかわない金額（3～5千円）の手みやげを持っていくようにします。おめでたい席にふさわしい紅白のワインや、地元名産のお菓子などがよいでしょう。子どもを通じて相手の親の好みが事前にわかっているようなら、それを持っていくのも喜ばれます。

女性宅で男性側の親を迎えるときは、相手に失礼のない服装を心がけ、掃除や片付けを済ませて、すぐに案内できる準備を整えておきます。相手に打診してから、一緒に食事をするのもよいでしょう。

顔合わせのときの服装は？

顔合わせのときは略礼装が基本。男性はダークスーツにあまり派手すぎないネクタイ、女性はフォーマルワンピースやスーツなどがよいでしょう。両家が集うときは、お互いの服装の格を合わせるのがマナーです。最近はカジュアルな服装で食事会をすることも多くなっているので、事前に子どもを通じて、当日の服装を打ち合わせておきましょう。

親のトークワザ

●相手の家族と会話をはずませるには？

相手の親に好印象を持ってもらうには、なごやかな会話が大切。話題に困りそうなら、子どもを通じて相手の親が興味をもちそうな話題を仕入れておくとよいでしょう。趣味などの接点が見つかれば、初対面でもスムーズにコミュニケーションできます。

また、顔合わせ前にこちらから電話をし、簡単にあいさつしておくのも有効です。顔合わせのときも緊張が薄らぎますし、相手の親にていねいな印象を与えることもできます。

おさいふポイント

●食事代や会場代は誰が負担する？

レストランやホテルなどで顔合わせをする場合、両家で折半するか、結婚するふたりが負担するのが一般的です。本人たちが支払う場合は、結婚の顔合わせに両家の親を招待する形になるので、気持ちよく受けましょう。

両家で費用を折半する場合は、あらかじめ金額の決まっているコース料理や宴席料理を予約しておき、事前にお金を集めて前払いしておけば、どちらが支払いをするかもめることがなくスマートです。

相手の親や家族とはじめて会う

顔合わせの場では、今後の結納や挙式に向けて、決めておくことがたくさん。本人たちの意向を尊重して、親だけで話を進めないようにしましょう。

大事な話は食事の前にすませる

顔合わせの場では、男性、女性の順で親を紹介したあと、それぞれの親があいさつを交わします。まずは子どもの縁談を喜んでいることを伝えましょう。

食事会の場合には、食事やお酒が出る前に、婚約形式や仲人の有無、挙式の形式や規模、本人たちの新生活のことなど、大切な話をすませておくようにします。

打ち合わせでは、親どうしで勝手に話を進めず、本人たちの意向を最大限に尊重することが大切です。また、こちらの意見をはっきりと伝え、先方の意見をきちんと聞くようにします。

結論がはっきりしないときは、いったん話を整理し、不明な点を残さないようにします。双方が納得し、本人たちの幸せにつながる結論が出るまで話し合いましょう。

歓談タイムは楽しく節度をもって

打ち合わせがすんだら、食事やお酒を楽しみながらの歓談タイムです。緊張がとけてつい飲みすぎてしまいがちですが、適量にとどめておきましょう。

子どもの相手とすでに親しくなっていても、相手の親の前では、なれなれしい態度や呼び方は慎むようにします。また、相手の家庭や親族について、必要以上に探るのもタブーです。

相手の親に確認すること

Check!

- □結婚について同意しているか
- □婚約の形式をどうするか
- □仲人（媒酌人）をどうするか
- □挙式の時期や形式、予算、規模の希望はあるか
- □今後の両家の打ち合わせをどこでどのようにするか
- □結婚後、同居を考えているか
- □経済的な援助を考えているか

顔合わせの流れ

1. 男性本人が両親を紹介します。
2. 男性側の両親が自己紹介をします。
3. 女性本人が両親を紹介します。
4. 女性側の両親が自己紹介をします。
5. 両親どうしが、親の立場で結婚承諾をします。

この縁談が無事にまとまりまして、私どもも胸をなでおろしております。
いたらないところの多い娘ですが、よろしくお願いいたします。

幸子さんのようなすてきな女性が息子と結婚してくださると聞いて、家内ともども喜んでおります。まだまだ一人前とはいえませんが、よろしくお願いいたします。

6. 婚約や挙式についての具体的な話し合いをします。
7. 食事やお酒を楽しみながら歓談をします。

おつきあいポイント

●相手の親が結婚に反対している場合

顔合わせの場になっても、相手の親が結婚について納得していないこともあります。本人たちにとっては辛い状況ですが、説得は本人たちにまかせ、親は見守るようにします。親どうしの話し合いは逆効果になることもあるので、相談されたらアドバイスをするなど、当日は陰のサポートにつとめましょう。

●こちらの親族が結婚に反対している場合

親族からの反対は、本人たちより親に訴えられることが多いものです。まずは反対の理由や意見に耳を傾け、後日、本人たちからあいさつにいかせるようにしましょう。

親族からの反対は、相手をよく知らないことが原因のことも多いので、顔を合わせれば解決することもあります。

婚約の形式を決める

婚約＝結納だった昔と異なり、今は婚約の形式もさまざま。親の意見や希望を伝えたら、最終的な選択は結婚する本人たちにまかせましょう。

気持ちのうえでも婚約は大切な儀式

親にとって子どもの婚約は、子どもの交際相手を将来の家族として認めることです。本人たちにとっては、正式に両家の親に結婚が認められたという意味もあり、気持ちのうえでも重要な役割を果たします。

日本には古くから結納という婚約の儀式がありますが、近年は両家の食事会をもって婚約とすることが多く、婚約スタイルの約7割を占めています。

また、よりカジュアルに、本人たちだけで婚約指輪を交わしたり、友人を招いての婚約パーティをしたりなど、自由なスタイルの婚約が増えてきています。

形式はふたりの希望に合わせて

婚約の形式については、「ぜひ結納をしてほしい」など、親の希望もあるでしょうが、本人たちが望む形にするのが一番です。

昔と比べてカジュアルな形式となっても、婚約は本人たちとその両親にとって、大事なけじめであることは変わりありません。こちらの家族の意見がまとまったら、相手の親の説得は本人たちにまかせ、本人たちと両家が納得のいく婚約にしましょう。

婚約の形式のほかにも、予算や両家の負担の分担、場所、日取りなど、決めなければいけないことはたくさんあります。後になればなるほど、挙式の準備で忙しくなるので、スケジュールに余裕をもって婚約の日取りを決めるようにします。

婚約は法的には「契約」にあたる

婚約は、本人たちの結婚の意思を周囲にお披露目する意味と同時に、「結婚の予約」でもあり、契約の一種として法的な効力があります。これは、正式な結納の場合だけでなく、略式の結納や婚約パーティー、あるいは両家の食事会をもって婚約とした場合などでも同様です。

万が一、婚約を解消するようなトラブルが起きたときは、法的な手続きをとることができます。覚えておいてもよいでしょう（70ページ参照）。

いろいろな婚約スタイル

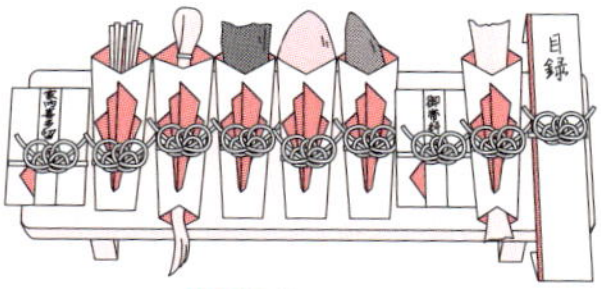

結納▶P.36

両家の食事会▶P.58

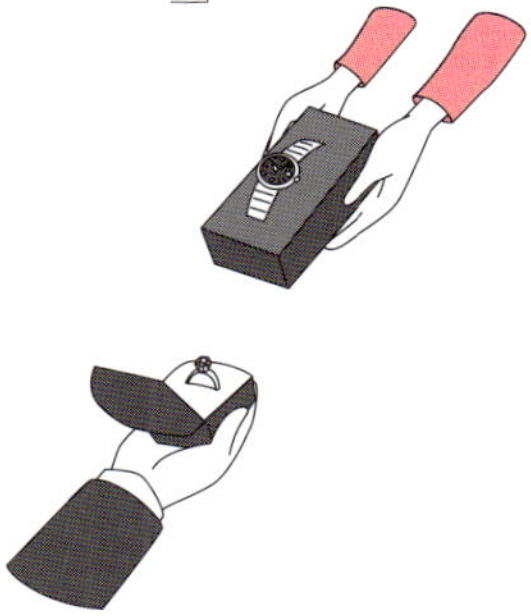

婚約記念品の交換▶P.59

婚約式▶P.60

婚約パーティー▶P.60

婚約通知状を出す▶P.61

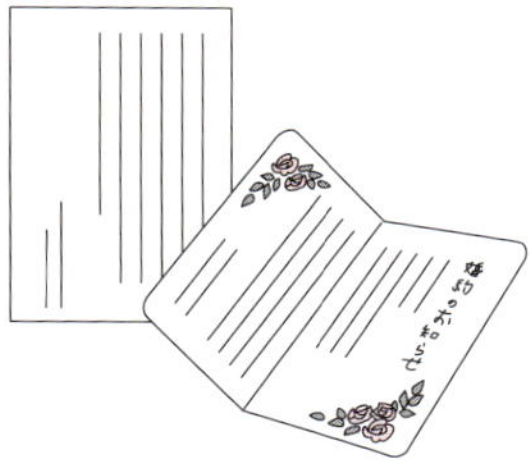

子どもの意見！

●結納をしなくてもいいのでは？

結納は、本人たちの気持ちより、家同士の結びつきを重要視しているようで抵抗があります。結婚するのは私たちふたりなのだから、どんな形で婚約するかは自分たちで決めたいです。

●結納より新生活にお金をつかいたい

親の時代は婚約といえば結納だったのかもしれませんが、形式にこだわってお金をつかうのはもったいない気がします。それより、新婚旅行や新生活の準備にお金を回したいです。

結納をする場合

結納をすすめるなら、子どもに結納の意味をよく説明すること。結納形式は本人たちと相手の親と相談し、意見を押しつけないように。

結納は日本の伝統的な婚約の形式

結納とは、本人たちの結婚により両家が親族となり「結」びつくことを祝い、贈り物を「納」めあうことです。

近年では結納そのものを省略したり、簡略化することも多くなっていますが、実際に結納をしたカップルに聞いてみると、男性側は「けじめを感じた」、女性側は「段階を踏んでもらって安心した」「大切に迎えられていると感じた」と、特に精神的な充実感を感じることが多いようです。

子どもが「費用がかかる」「面倒」という理由で結納を省略しようとしているなら、結納の意味や効果についてよく話し合ってみましょう。

形式は3つ両家でよく話し合う

ひとくちに結納といっても、仲人を立てた略式結納、仲人を立てない略式結納、正式結納の3つがあります。

正式な結納は、仲人を立て、両家を仲人が行き来して結納品を届けるものですが、最近は少数派。仲人と両家が一堂に会する略式結納が主流です。また関東と関西では、結納のとり行い方や結納品が大きく異なります。かつては男性側のしきたりに合わせて結納を行っていましたが、現在は両家の相談で決めることが多くなっています。

本人たちの希望を尊重しながら、両家が納得のいく結納の形を話し合いましょう。

日取りと場所を決める

結納は、挙式の3～6か月くらい前までに行います。大安や、8（八）のつく日が「末広がり」で縁起がよいとされていますが、最近はこだわらない人も増えています。

正式な結納の場合はそれぞれの自宅で行うことになりますが、略式結納の場合は、ホテルやレストランの個室で行うのが一般的です。

ホテルや結婚式場では、結納品の準備や会食、記念撮影などをパックにした「結納パック」がある場合も。経験豊かな介添人が結納の進行をサポートしてくれるので、しきたりに明るくない場合も安心です。

3つの結納スタイル

両家で話し合うこと

Check!

- □結納の形式をどうするか
- □仲人を立てるか、立てるなら誰にするか
- □結納の場所はどうするか、どちらが手配するか
- □結納品の交換をどうするか
- □結納金、結納返しの金額はどうするか
- □結納費用の分担はどうするか
- □当日の服装はどうするか

おつきあいポイント

●結納の打ち合わせは電話でもよい？

顔合わせのときに結納についても打ち合わせしておくのがベターですが、その場ですぐに決められないこともあります。顔合わせをすませているなら、電話で打ち合わせしてもよいでしょう。ただし、親どうしだけで話すのではなく、電話の場にそれぞれの子どもも立ち会い、意向を聞きながら話し合いを進めるようにします。

仲人を依頼する場合

親の都合や人間関係だけで、勝手に仲人選びをしないこと。本人たちから相談を受けたときだけ、適した人を紹介するようにします。

すべてを取り持つ仲人はいまや少数派

かつて仲人は、両家の間に立ち、お見合いから挙式までを取り持つ非常に大事な役割を担っていました。しかし恋愛結婚が主流の現在では、仲人を立てるケースは約0・1割とわずかです。

仲人を立てる場合は、誰にお願いするかはもちろん、お礼はどうするかなどについても、両家でよく話し合っておきましょう。

仲人にふさわしい人を選ぶ

仲人は、本人たち共通、あるいはどちらかの知人にお願いするのが理想です。これからのふたりの結婚生活の規範となるような円満な家庭を築いている、人間的に信頼・尊敬できる人にお願いするのがよいでしょう。

具体的には、仕事関係の上司や年配者、学生時代の恩師、古くからお世話になっている知人などにお願いするのが一般的です。

まずは本人たちが、仲人をお願いできる人が知人にいないか探し、相談を受けたら親がふさわしい人を紹介するようにします。

仲人をお願いする人が決まったら

仲人をお願いするときは、本人たちの知人なら本人たちから、親の知人や紹介なら親から、まずは手紙や電話などで打診します。

承諾を得たら、親と本人たちが、手みやげを持って仲人宅にあいさつに出向くのが正式です。お願いする人が本人たちの知人ならふたりだけであいさつにいってもかまいませんが、その場合は承諾をもらった後に、親からお礼の電話をしておきましょう。

親の知人や紹介で、本人たちとの面識があまりない人にお願いした場合には、履歴書や経歴書などを持参し、なれそめなどを話して、本人たちの人柄をよく知ってもらうようにします。

また、結納や挙式について決まっていることがあれば、早めに説明しておきます。結納だけのお願いなのか、挙式の媒酌人もお願いするのかも、はっきり伝えておきましょう。

親から依頼するときの例

●手紙で依頼する場合

謹啓　木々もすっかり芽吹き、新緑の葉が茂る季節となりました。皆様ご健勝のこととお慶び申し上げます。

　さて、突然ではございますが、このたび息子の真一がよき縁談に恵まれ、大学の後輩の安田幸子さんという方と、十月に挙式の運びとなりました。

　つきましては、日頃からお世話になっております菅井様ご夫妻に、結納から挙式、披露宴までの仲人をお引き受けいただけないかとお願い申し上げる次第です。結納は、両家が一堂に会しての略式にてとり行う予定でございます。

　ご承諾いただけましたら、改めてごあいさつにおうかがいしたいと存じます。お忙しいこととは存じますが、何とぞご検討のほどよろしく申し上げます。

　まずは書面にて失礼いたします。

謹白

●電話で依頼する場合

息子の真一が、大学の後輩の女性と10月に結婚式を挙げることになりました。日ごろからお世話になっております菅井様に結納から挙式までの仲人をお願いできないかと思い、ご連絡させていただきました。突然のお願いで恐縮ではございますが、息子もぜひ菅井様にお願いしたいと申しておりますので、どうぞご検討ください。よろしくお願いいたします。

●本人たちの知人に仲人をお願いしたときの親のあいさつ

このたびは仲人をお引き受けいただき、本当にありがとうございました。息子もご快諾いただいたと喜んでおります。

いろいろとご面倒をおかけするかと思いますが、よろしくご指導のほどお願いいたします。奥様にもよろしくお願いしますとお伝えください。

おさいふポイント

●仲人への手みやげの金額は？

本人たちだけで行くなら３～５千円、親が同行するなら５～７千円くらいの手みやげが一般的。地元の銘菓や、相手の好みがわかっているなら、それを持っていくのもおすすめです。

結納に必要なものをそろえる

結納は正式になればなるほど、家どうしの結びつきの意味が強くなるもの。地方ごとの結納品の違いや品数の調整には、親の協力が大切です。

関東と関西で異なる結納品

結納品は、婚約の証として相手側に贈る縁起物セットのこと。地域によって品目や飾り方が異なりますが、大きく分けて関東式と関西式の２種類があります。

関東では、結納は「交わす」もので、同じ品数か、女性が七品または五品の略式とした結納品を両家で交換します。結納品は、ひとつの台（片木《へぎ》盆《ぼん》）にのせるのが基本とされています。関西では、結納は「納める」もので、男性側から結納品を送り、女性側からは受書《うけしょ》のみを渡します。ひとつひとつに豪華な水引き飾りがついており、一品ずつ別の台（片木盆）にのっています。

最近では、関東式、関西式それぞれの正式、略式の結納品がセットになった「結納品セット」が、デパートやホテル、結婚式場などで販売されており、これを利用するのが一般的です。

相手の事情も考慮し結納品を決める

男性と女性で出身地が異なる場合、かつては男性側の形式で結納を行うのが一般的でした。しかし最近では、双方が話し合ってどちらの形式にするか決めることが多くなっています。

結納品を決めるときは、お互いの経済事情や住宅事情も考慮する必要があります。関東式の場合、両家とも結納品を用意するため、相手にも経済的な負担がありますし、関西式では結納品を一品ずつ別の台にのせるので、飾るスペースのことも考慮しなければなりません。

最近では関東でも女性からの結納品を省いたり、コンパクトな関西式の結納品のセットも販売されたりしています。形式にとらわれすぎず、両家でよく話し合って結納の品を決めるようにしましょう。

おさいふポイント

●結納品の金額

関東式（５～９品）

1～5万円

関西式（９～11品）

5～20万円

◉関東式の結納品

☆略式（七品）
★略式（五品）

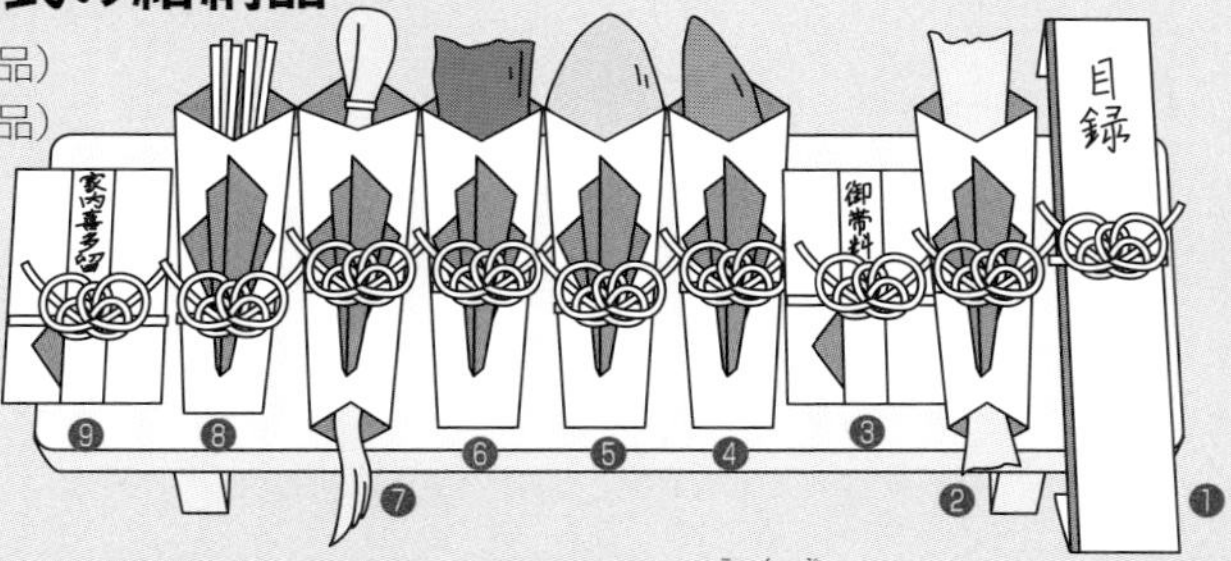

❶☆★目録…結納品の品目を書き記したもの。

❷☆★長熨斗《ながのし》…のしあわび。不老長寿を願う。

❸☆★金包《きんぽう》…結納金を包んだもの。

❹勝男節《かつおぶし》…かつお節。古くから祝いごとに用いられる。

❺☆寿留女《するめ》…するめ。長持ちすることから、末永い縁を願う。

❻☆子生婦《こんぶ》…こんぶ。子宝や子孫繁栄を願う。

❼☆★友志良賀《ともしらが》…白い麻糸。夫婦円満を願う。

❽☆★末廣《すえひろ》…一対の白無地の扇子。末広がりの繁栄を願う。

❾家内喜多留《やなぎだる》…本来は柳の酒樽。現金を包む。

◉関西式の結納品

☆略式（七品）　★略式（五品）

❶☆★松魚料《しょうぎょりょう》…鯛の代わりに贈る現金。梅飾りの下に置く。

❷☆★家内喜多留《やなぎだる》…酒の代わりに贈る現金。竹飾りの下に置く。

❸☆★小袖料《こそでりょう》…結納金。松飾りの下に置く。

❹☆★寿恵廣《すえひろ》…一対の白無地の扇子。亀飾りの下に置く。

❺☆高砂《たかさご》…末永い夫婦円満を願った人形。

❻☆★熨斗《のし》…のしあわび。鶴飾りの下に置く。

❼子生婦《こんぶ》…こんぶ。子宝や子孫繁栄を願う。

❽☆結美輪《ゆびわ》…婚約指輪。

❾寿留女《するめ》…長持ちすることから、末永い縁を願う。

目録・受書《うけしょ》の書き方

目録は結納品を一覧にしたもので、結納品と同時に贈ります。結納品を受けた側は、その証として受書を贈ります。関東式では双方が目録と受書を用意しますが、関西式では男性側は目録を、女性側は受書を用意します。書き方は地域などによって異なるので、結納品を購入した際に店員に確認しておきましょう。

目録や受書は、奉書紙などに筆で書くのが正式ですが、最近は結納品セットに含まれているものや、市販品を使うケースがほとんどです。日付や相手の名前、本人の名前を書き込むだけなので、用意するのも簡単です。

●目録の例（関東式９品目の場合）

目録

一、御帯料　壱封 ❶
一、勝男節　壱台
一、寿留女　壱連
一、子生婦　壱台
一、友志良賀　壱台
一、末廣　壱封
一、家内喜多留　壱荷

右之通り幾久敷目出度く
ご受納下さい
以上

平成○年○月吉日 ❷
高山　真一 ❸
安田　幸子　様 ❹

●受書の例（関東式９品目の場合）

受書

目録様式に同じ
右之通り幾久敷目出度く
受納致しました
以上

平成○年○月吉日 ❷
安田　幸子 ❸
高山　真一　様 ❹

❶結納品に婚約指輪を納めるときは、「御帯料」の場所に「結美和　壱環」と書く。
❷日付は月までで、日は「吉日」とする。
❸本人の氏名を書く。
❹相手の氏名を書く。
※❸❹は地域によって親の名前を書く場合もある。

家族書・親族書の書き方

家族書・親族書は、お互いの家族や親族の構成を相手に知らせるためのものです。かつては、お互いの一族が結婚を了承した証とされていましたが、最近は相談のうえ省略することもあります。

しかし、今後の両家のつきあいを円滑にするためにも、お互いの家族構成や親戚について知っておくのはよいことです。あまり堅苦しく考えず、両家の交友録として交換してもよいでしょう。

◉家族書の例

家族書

父　高山　幸則
母　静香
妹　有希
弟　康文《やすふみ》
本人　真一
以上

- 同居している家族の続柄と氏名を書く。
- 父、母のあとは年齢順に書く。
- 祖父母やきょうだいの家族などと同居している場合は、親族書ではなく家族書に書く。
- 読みにくい名前にはふりがなをつける。
- 年齢や職業、生年月日などを書くこともある。何を書くかは、双方で相談して決める。

◉親族書の例

親族書

千葉県千葉市美浜区○○町 四の三
兄　松永　貴文
姉　優子

父方
静岡県浜松市○○町 六の二
祖父　高山　憲和
祖母　ふみ
東京都千代田区○○町 二の七
叔父　高山　正義
叔母　瑞江

母方
大分県大分市○○町 五の八
祖父　中島　次郎
埼玉県秩父市○○町 二の七
叔父　水野　春臣
叔母　貴子
以上

- 同居していない家族や親族の続柄と名前、住所を書く。
- 本人と続柄が近い順から書く。
- 読みにくい名前にはふりがなをつける。
- 一般的には３親等まで記入する（きょうだい、祖父母、おじおばまで）。どこまで書くかは、双方で相談する。

つい見えや、親世代の価値観を気にしてしまいがちなのが結納金。本人たちの経済力で無理のない範囲にするようアドバイスをしましょう。

結納金・結納返しについて

現代の結納金は金額も形もさまざま

結納金は、女性の嫁入り支度のために男性側から贈るのがならわしで、関東では「御《おん》帯料《おびりょう》」、関西では「小袖料《こそでりょう》」と呼ばれます。

かつては男性の月収の2〜3カ月分と言われ、結納金の金額で家柄がはかられることもありましたが、現在では結納金を省略したり、男性の経済力に無理のない金額にすることが多くなっています。また、結納金の代わりに婚約指輪を贈ったり、婚約指輪の代金を差し引いて結納金を贈るケースも見られます。

形式や世間体にとらわれず、本人たちの意向と両家の話し合いで決めればよいでしょう。

結納返しはどうすればいい？

結納金を贈られた場合、関東式では「御袴料《おんはかまりょう》」として、女性から結納返しをする慣習があります。かつては半返しといって、結納金の半額を贈るのがならわしでしたが、最近は時計などの記念品を結納返しとしたり、結納返し分を差し引いた結納金を贈ってもらい、空の包みに金額だけ書いて贈ったりなど、結納返しのスタイルもさまざまになっています。

関西式では結納返しの慣習はありませんが、結婚のときに支度金として結納金の1割程度を女性に持たせたり、時計などの記念品を贈るケースもあります。

おさいふポイント

●今どきの結納金

91.3万円（全国平均）

100〜150万円が最多、次いで50〜100万円が多く、合計で約90%を占めます。

●結納返しはいくら？

29.2万円（全国平均）

もっとも多いのは10〜20万円、次いで50〜60万円。地域によって倍近くも金額に差があります。

出典『ゼクシィ結婚トレンド調査 2010』

◉結納金の表書き（目録がない場合に必要）

- 男性から女性へは「御帯料」または「小袖料」。男性本人の氏名を書く。
- 女性から男性へは「御袴料」。女性本人の氏名を書く。

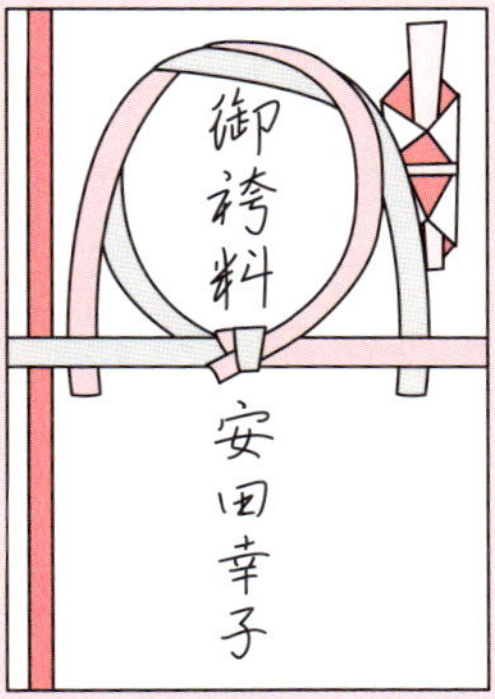

女性から男性へ

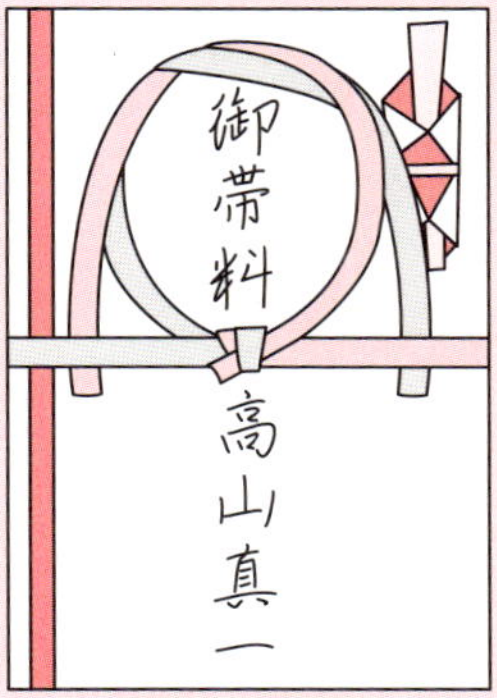

男性から女性へ

◉結納金の包み方

結納金用の祝儀袋に付属した中包みに結納金を入れて正しい順番でたたみ、外包みにおさめます。

中包みに結納金を入れる

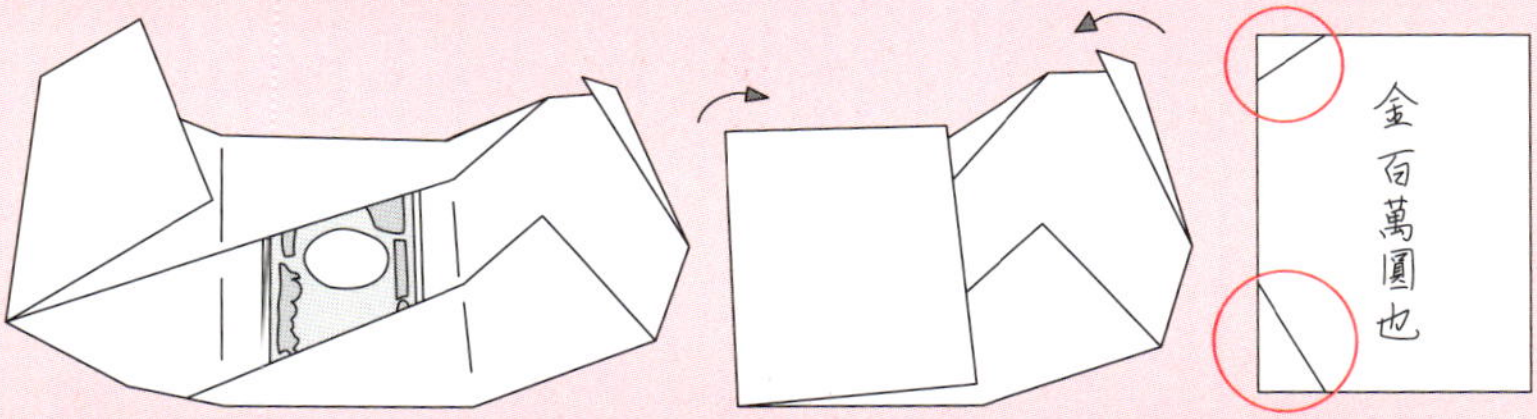

❶中包みの中央に、新札の表が上になるように入れる。
❷左、右の順番で中包みを閉じる。
❸表の左側に三角形の部分が来るようにし、表に金額を記入する。

中包みを外包みにおさめる

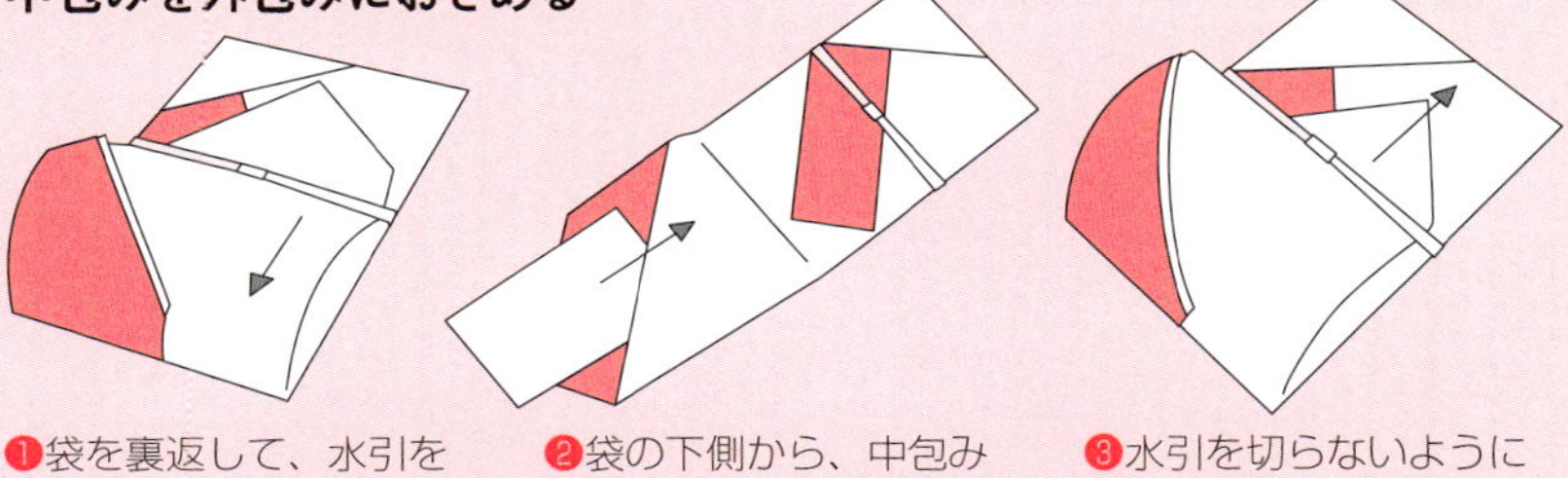

❶袋を裏返して、水引を切らないように下側を引き抜く。
❷袋の下側から、中包みを入れる。上下、表裏を間違えないよう注意。
❸水引を切らないように注意しながら、袋を元の形に戻す。

結納時の服装を決める

両家の格を合わせるのが大切。落ち着きと清潔感のある服装で臨みましょう。子どもの服装や化粧が派手なようならアドバイスを。

最近の結納では準礼装が主流

結納時の服装には、正礼装と準礼装があります。

仲人が両家を行き来する古式ゆかしい結納では、正礼装で仲人を迎えますが、ホテルやレストランで結納を行う場合には、準礼装が一般的です。

結納だけでなく、両家の顔合わせや挙式、披露宴でも同じですが、両家がそろうときにもっとも大切なことは、両家の服装、親子の服装の格をそろえることです。自分たちだけが正礼装で相手が準礼装では、相手に恥をかかせてしまいますし、親が準礼装で、子どもが正礼装というのもちぐはぐです。

結納について両家で打ち合わせをする際、服装についても確認しておきましょう。「平服で」という場合でも、正式な場での平服は普段着のことではなく、準礼装を指すこともあります。具体的に何を着ていく予定なのか、きちんと確認しておいたほうがよいでしょう。

男女ともに親は一歩引いた服装を

一般的な準礼装では、男性は親子ともに黒のフォーマルスーツかダークスーツ、ネクタイはシルバーか白、靴下は黒、靴は黒のひも靴かスリッポンタイプにします。男性本人は爽やかさを、父親は落ち着いた印象を心がけ、清潔感のある装いにしましょう。

女性の場合、母親は和装なら紋付の色無地か訪問着、付下げ、洋装なら落ち着いたデザインのフォーマルスーツやワンピースがよいでしょう。

女性本人は、和装なら訪問着か付下げが一般的ですが、「結婚前に振袖をもう一度着ておきたい」という思いから、最近は略式の結納で振袖を着ることも多くなっています。洋装の場合は、アフタヌーンドレスやドレッシーなワンピース、スーツで、あまり肌を露出しないデザインのものを着るようにします。メイクは控えめにし、清楚な印象にまとめましょう。

和装、洋装どちらの場合でも、親は本人たちより一歩引いた、控えめな服装にすることが大切です。

◉準礼装の例（略式結納）

●父親、男性本人

・黒のフォーマルスーツまたはダークスーツ
・ネクタイはシルバーか白。
・靴は黒革のひも靴、またはスリップオンタイプ

●母親

・（和装）紋付の色無地や訪問着、付下げ
・（洋装）フォーマルスーツやワンピース。落ち着きのあるデザインのもの

●女性本人

・（和装）訪問着か付下げ。振袖も可
・（洋装）アフタヌーンドレスやワンピースで、肌の露出が少ないもの

◉正礼装の例（正式結納）

●父親

・（和装）紋付羽織袴
・（洋装）モーニング

●母親

・（和装）紋付色留袖
・（洋装）フォーマルドレスやドレッシーなワンピース

●男性本人

・黒のフォーマルスーツ。
・ネクタイはシルバーか白。
・靴は黒革のひも靴、またはスリップオンタイプ

●女性本人

・（和装）振袖
・（洋装）フォーマルドレスやドレッシーなワンピース

略式結納

［両家と仲人が一堂に会する場合］

この形式の結納では、父親は仲人へのあいさつ、母親は仲人との結納品の受け渡しが役割です。進行をしっかり頭に入れておきましょう。

仲人の負担が軽く最近人気の形式

最近の結納の主流は、本人たちと双方の親、仲人夫妻が一堂に会して行う略式結納です。この形式は仲人の負担が少ないので、正式な結納に比べて仲人を引き受けてもらいやすく、また結納にかかる時間を短縮できるメリットもあります。

男性宅や女性宅で行う場合もありますが、最近はホテルや結婚式場の「結納パック」が人気です。

式の進行は仲人がとり行う

結納の間は、両家が直接言葉を交わすことはなく、結納品や受書《うけしょ》のやりとりは、すべて仲人夫妻が行います。

両家の親の役割は、父親は主に最初の仲人へのあいさつと、終わりの仲人へのあいさつ。母親は仲人との結納品の受け渡しです。

結納品のやりとりで、母親と仲人夫人が席を立つ以外、他の出席者は席に座ったままあいさつなどを行います。口上やあいさつの内容はほぼ決まったものなので、あらかじめ覚えておくのがベストですが、自信がない場合は、目立たないようにメモを見ながらでもよいでしょう。

結納の後は、そのまま祝宴とするケースがほとんどです。ホテルなどの結納パックでは、あらかじめ祝宴が組み込まれています。

席次（仲人ありの場合）

- 家と家の結びつきの意味合いが強い結納では、上座側から本人、父親、母親、の順で座ります。
- 結納がすみ、祝宴となったら、仲人夫妻は上座に移動します。

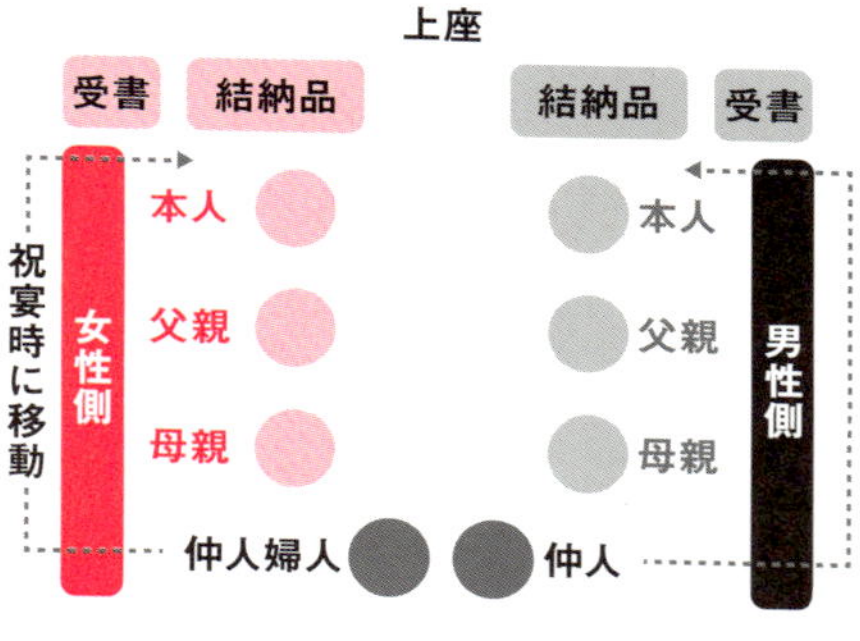

●略式結納の進行（仲人ありの場合）

1 結納の開始

全員着席後、仲人が開始のあいさつ。男性側の父親がお礼を述べる。

仲人：このたびは高山様と安田様のご縁談があい整い、誠におめでとうございます。本日は私がご結納の仲立ちをつとめさせてさせていただきます。

男性側の父親：本日'はご多用のところ、お世話になります。どうぞよろしくお願いいたします。

2 男性側が結納品をおさめる

男性側から仲人へ結納品を預け、仲人夫人が女性本人の前に結納品を置く。本人→父親→母親の順で目録に目を通した後、女性本人が目録を戻し、父親→本人の順で口上を述べる。

男性側の父親：こちらは安田様へのご結納でございます。安田様へお届けくださいますよう、お願いいたします。

仲人：高山様から安田様へのご結納でございます。幾久しくお納めください。

女性側の父親と本人：ありがとうございます。幾久しくお受けいたします。

3 女性側が受書と結納品をおさめる

女性側から仲人へ受書と結納品を預け、仲人夫人が男性本人の前に受書と結納品を置く。本人→父親→母親の順で目録に目を通し、男性本人が目録を戻し、父親→本人の順で口上を述べる。

女性側の父親：これは受書でございます。また、こちらはご結納でございます。高山様へお届けくださいますよう、お願いいたします。

仲人：安田様から高山様へのご結納でございます。幾久しくお納めください。

男性側の父親と本人：ありがとうございます。幾久しくお受けいたします。

4 男性側が受書をおさめる

男性側から仲人へ受書を預ける。仲人夫人が男性本人の前に受書を置いたら、父親→本人の順で口上を述べる。

男性側の父親：これは安田様への受書でございます。お届けくださいますよう、お願いいたします。

仲人：高山様からの受書でございます。幾久しくお納めください。

女性側の父親と本人：ありがとうございます。幾久しくお受けいたします。

5 結納の締めくくり

仲人が締めくくりの口上を述べたら、一堂礼の後、男性の父親→男性本人→女性本人の順でお礼のあいさつをする。

仲人：これにて高山様、安田様ご両家のご結納はめでたく整いました。誠におめでとうございます。

男性側の父親：本日はたいへんお世話になり、誠にありがとうございました。今後とも若い二人を、末永くよろしくお願い申し上げます。

男性本人：本日はたいへんお世話になりました。ありがとうございました。

女性本人：ありがとうございました。

略式結納
［仲人を立てない場合］

この形式では、仲人と仲人夫人の役割を、男性側の両親がつとめます。「仲人の代理」の意識をもって、スムーズな進行を心がけましょう。

進行は男性側の父親の役目

両家の親と本人たちだけで行う結納は、格式にこだわりすぎずに、アットホームな雰囲気で結納をしたいときにおすすめです。

このスタイルでは結納をとりしきる仲人がいないので、進行役は男性側の父親がつとめます。結納品を相手に運ぶ役割は、双方の母親がつとめます。

ホテルや結婚式場の結納パックを利用すると、専門のスタッフが司会をしてくれたり、進行のサポートをしてくれたりすることもあります。進行に不安があるときは、このようなサービスをお願いしてもよいでしょう。

自宅で結納をする場合

自宅で結納を行う場合、かつては女性宅に男性側の親と本人が出向くのがしきたりでしたが、最近は男性宅で行うこともあります。どちらで行う場合も、進行役は男性側の父親がつとめます。両家の結納品や受書《うけしょ》は、和室なら床の間に、洋室ならテーブルの上にあらかじめ飾っておきます。

全員が着席したら、桜湯を出してから、結納の式に入ります。その後の進行は、ホテルや式場で結納を行う場合と同じです。

結納後の祝宴は仕出しなどを頼んだり、近所の料亭やレストランに場所を移して行うことが多くなっています。

席次（仲人なしの場合）

●家と家の結びつきの意味合いが強い結納では、上座側から本人、父親、母親、の順で座ります。

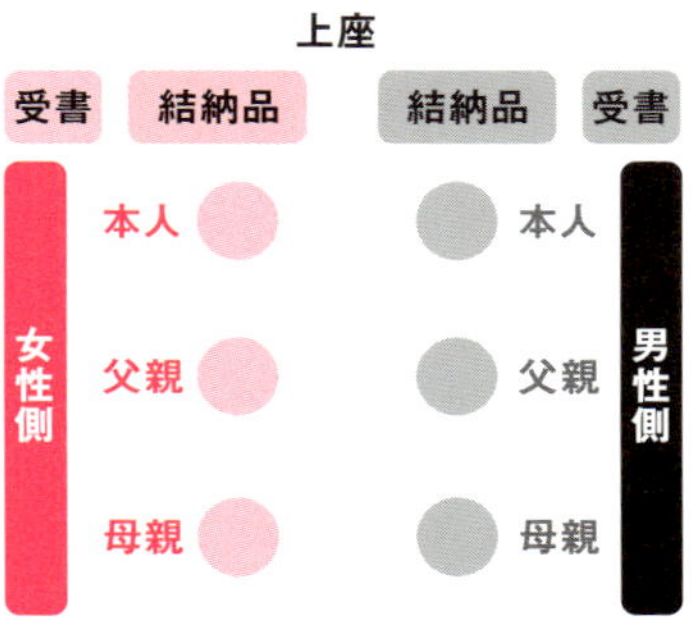

●略式結納の進行（仲人なしの場合）

1 結納の開始

全員着席後、男性側の父親が開始のあいさつをする。

男性側の父親

このたびは安田様と私どもに良縁をちょうだいいたしまして、誠にありがとうございます。本日はお日柄もよろしく、結納を取り交わさせていただきます。本来ならば仲人様をお通しするところでございますが、先のお話のとおり、略式にて進めさせていただきます。

女性側の父親

どうぞよろしくお願い申し上げます。

2 男性側が結納品をおさめる

男性側の母親が女性本人の前に結納品を運び、男性の父親が口上を述べる。女性本人→父親→母親の順で目録に目を通してから女性本人が目録を戻し、最後に女性本人が口上を述べる。

男性側の父親

こちらは高山よりのご結納でございます。幾久しくお納めください。

女性本人

ありがとうございます。幾久しくお受けいたします。

3 女性側が受書をおさめる

女性側の母親が受書を男性本人の前に運び、女性の父親が口上を述べる。

女性側の父親

こちらは安田よりの受書でございます。幾久しくお納めください。

男性本人

ありがとうございます。幾久しくお受けいたします。

4 女性側が結納品をおさめる

女性側の母親が結納品を男性本人の前に運び、女性の父親が口上を述べる。

女性側の父親

こちらは安田よりの結納でございます。幾久しくお納めください。

男性本人

ありがとうございます。幾久しくお受けいたします。

5 男性側が受書をおさめる

男性側の母親が受書を女性本人の前に運び、男性の父親が口上を述べる。

男性側の父親

こちらは高山よりの受書でございます。幾久しくお納めください。

女性本人

ありがとうございます。幾久しくお受けいたします。

6 結納の締めくくり

男性側の父親、女性側の父親の順で口上を述べ、一堂礼をする。

男性側の父親

本日はどうもありがとうございました。これをもちまして、ふたりの婚約が滞りなく整いました。今後とも、末永くよろしくお願い申し上げます。

女性側の父親

こちらこそたいへんお世話になりました。今後ともよろしくお願い申し上げます。

正式結納
［仲人が両家を行き来する場合］

仲人の応対だけでなく、仲人を迎える準備も親の役割。仲人が到着してからあわてないように、余裕をもって準備を整えましょう。

正式な結納を重視する地方や家柄も

最近は、仲人と両家が一堂に会する略式の結納が主流になっていますが、しきたりを重んじる地方や家柄では、現在でも正式な結納をとり行うことがあります。

正式な結納では、両家はそれぞれの自宅で待機し、仲人が両家の間を行き来して、結納をとり行います。両家が遠く離れている場合には二日がかりになることもあり、仲人の負担が大きいことから、仲人とよほど親しい場合以外には、難しいスタイルだといえるでしょう。

このことから、最近は最後に女性宅を訪問して男性側からの受書《うけしょ》を渡す行程を省略することもあります。その場合、仲人は受書を預かった旨を女性宅へ電話で連絡し、後日改めて受書を渡します。

祝い膳を用意して仲人を厳粛に迎える

仲人が両家を行き来する正式な結納は、他の結納の形式に増して儀礼的な意味合いが強いものです。親は自宅にいる気安さや、遠方から来た仲人へのねぎらいもあって、世間話や私語をしてしまいがちですが、結納のやりとり以外は、最低限のあいさつのみにとどめましょう。

仲人が受書と結納品を持って再度男性宅を訪問したときは、祝い膳を出すのがならわしです。女性宅が遠い場合など、時間に余裕がないときは、祝い膳の代わりに「御酒肴料」を包みます。

また、最後に受書を携えて女性宅を訪問したときも祝い膳を出します。男性側で出ているときは折り詰めにしたり、酒肴料を包むことが多くなっています。

おつきあいポイント

●お茶は桜湯か昆布茶

結納時に出すお茶は、桜の花びらの塩漬けを浮かべた桜湯か、または昆布茶を。
緑茶は「お茶を濁す」「茶々を入れる」など、慶事にふさわしくない言いまわしがあるため、あまり使われません。

●正式結納の進行

1 【男性宅】

❶事前に結納品を飾っておき、仲人を出迎える。
❷仲人に男性側からの結納品を預け、女性宅に届けてもらうようお願いする。
❸仲人は目録に目を通し、結納品を預かって女性宅へ向かう。

▼

2 【女性宅】

❶事前に結納品を飾っておき、仲人を出迎える。
❷仲人が男性側から預かった結納品を納める。
❸女性側は目録に目を通し、男性側からの結納品を飾る。
❹仲人に女性側からの結納品と受書を預け、男性宅に届けてもらうようお願いする。
❺仲人は目録に目を通し、結納品を預かって男性宅へ向かう。

▼

3 【男性宅】

❶仲人が女性側から預かった受書と結納品を納める。
❷男性側は目録に目を通し、女性側からの結納品を飾る。
❸仲人に男性側からの受書を預け、女性宅に届けてもらうようお願いする。
❹祝い膳で仲人夫妻をもてなす（省略して、代わりに酒肴料を渡すこともある）。

▼

4 【女性宅】

❶仲人が男性側から預かった受書を納める。
❷仲人が結納の締めくくりのあいさつをする。
❸祝い膳で仲人夫妻をもてなす（省略して、代わりに酒肴料を包むこともある）。

結納品の飾り方と処分

子どもと住まいが別の場合、結納品は実家に飾るのが一般的。ホコリをかぶったりすることのないよう、責任をもって丁寧に扱いましょう。

結納品は大切に扱い来客にお披露目を

結納品は、挙式までの間、自宅の床の間や応接室などに飾っておきます。並べ方は結納のときと同様で、スペースがないからといって分けて置いてはいけません。挙式まで日がある場合は、しばらく飾ったらいったん片付けてもよいでしょう。

挙式が近づいたらもう一度飾り、結婚のお祝いに訪れてくれたお客さまにお披露目をします。

挙式後、結納品はどうする？

挙式後の結納品は、するめや昆布などの食品は調理して食べます。その他の結納品は箱などにおさめて本人たちの新居に持っていき、保管しておくのが正式です。しかし場所をとることから、最近は両家で相談のうえ、処分することが多くなっています。

基本的に結納品の使い回しは厳禁ですが、関西式の場合などで、特に豪華な結納品を贈る地域では、「福分け」といって、きょうだいで使い回すこともあります。くれぐれも相手への確認なしに処分しないようにしましょう。

処分するときは、目録や受《うけ》書《しょ》は記念品として保管して、その他の結納品は神社やお寺でお焚き上げをお願いするとよいでしょう。神社では「初穂料」、お寺では「御宝前」として、5千円程度のお礼を包みます。

大切な結納品を羽子板や額装にする

関西式の結納品の中には、しまっておいたりお焚き上げしてしまうには惜しいほど、見事な水引き飾りがついているものもあります。このような水引き飾りは、結納品店にお願いして、羽子板飾りや額装に加工してもらうとよいでしょう。結納品を贈った側も「大事にされている」と喜びますし、お正月などの華やかな飾りとしてもすてきです。

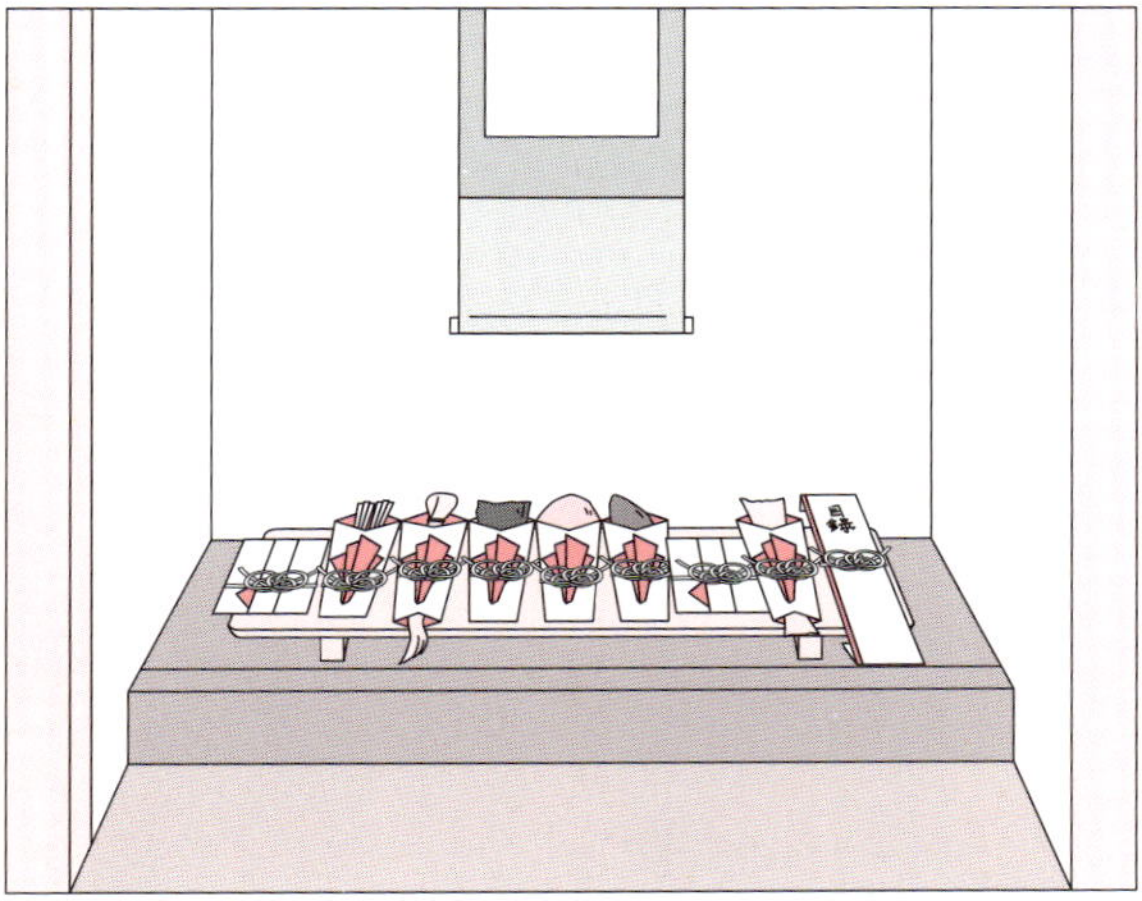

◉和室の場合

床の間に片木盆《へぎぼん》ごと飾る。関西式の場合で、床の間に飾りきれないときは、下記の「床の間のない和室の場合」の形にする。

◉床の間のない和室の場合

上座にあたるところに緋毛氈《ひもうせん》を敷いて飾る。

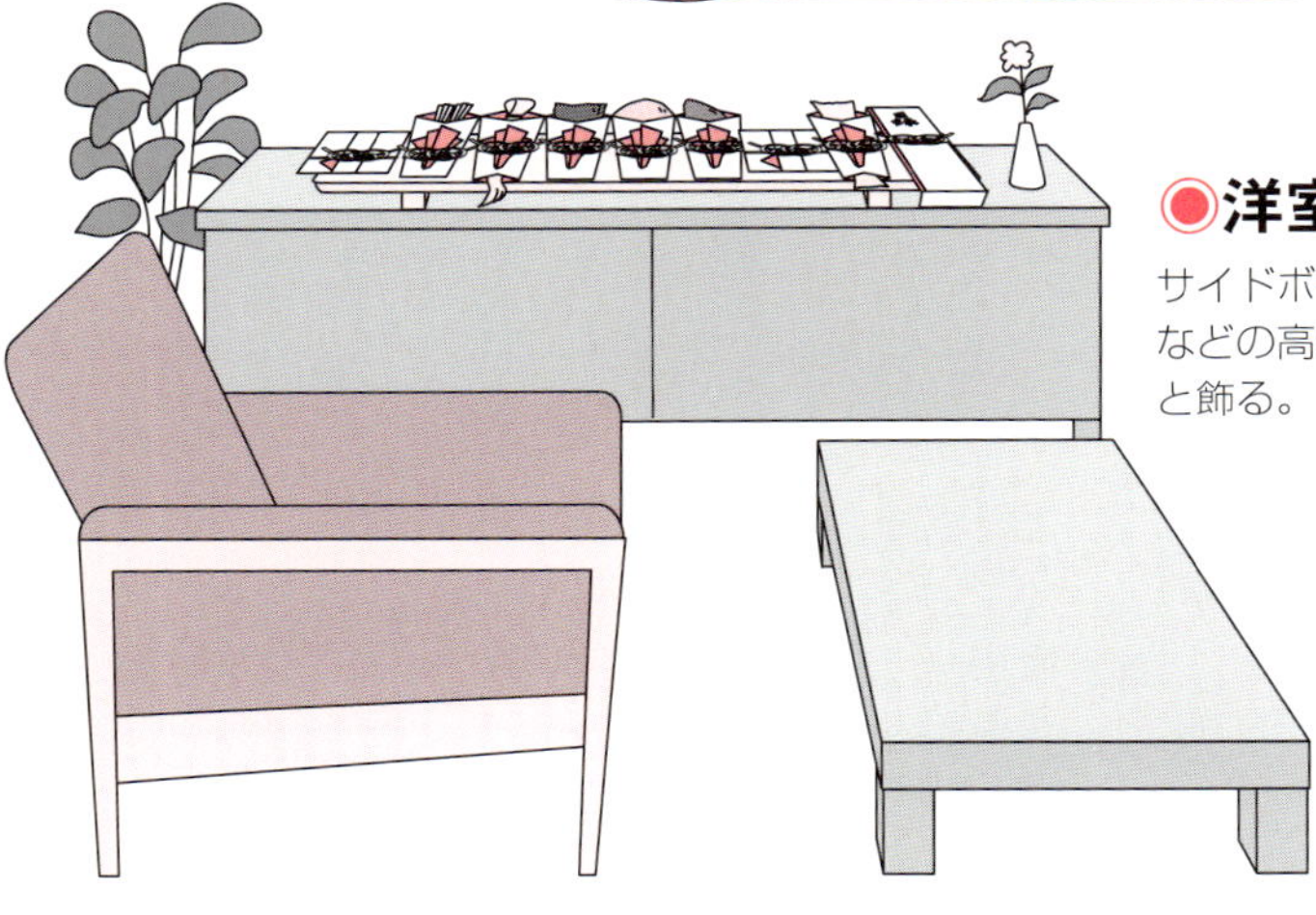

◉洋室の場合

サイドボードやテーブルの上などの高いところに片木盆ごと飾る。

結納にかかる費用

結納にかかる費用は、かつては女性側が支払うとされましたが、現在は両家の折半が一般的。双方の負担が均等になるように調整しましょう。

費用は両家の折半が一般的

結納には、結納品や結納金、結納返しなどのほかに、会場費や食事代、仲人への謝礼などが必要になります。これらの費用は、両家で折半にするのが一般的です。

両家での打ち合わせの際、費用についてもしっかり話し合い、支払いのときにあわてないようにしましょう。

仲人には車代と酒肴料を用意する

両家が一堂に会する結納では、仲人の自宅から会場までの往復に必要と思われる交通費を余裕をもって見積もり、表書きを「御車料」として、両家の連名で包みます。

仲人が両家を行き来する正式な結納の場合は、それぞれの家で車代を包みます。

酒肴料は、結納後の祝い膳を出さない場合に「御酒肴料」として渡すものです。正式な結納では、両家で祝い膳を用意すると時間がかかってしまうので、男性宅で祝い膳を用意した場合、女性宅では酒肴料を包むとよいでしょう。

どちらも、のしつきの紅白または金銀の結び切りの祝儀袋に包み、仲人を見送る前に渡します。

仲人への謝礼はいくら包む?

結納の仲人だけお願いした場合は、数日中に謝礼と手みやげを持って仲人宅へお礼にいきます。ただし、仲人宅が遠方の場合には、結納の当日に渡してもよいでしょう。挙式の媒酌人もお願いしたときは、謝礼はまとめて披露宴の後に渡します。

仲人へのお礼は、かつては結納金の1~2割といわれていました。しかし最近では、どの程度の手間をかけたかを考慮し、結納だけなら10~15万円、挙式・披露宴までお願いする場合は20~30万円を目安として、両家で折半して包むことが多いようです。

謝礼の表書きは「御禮」または「壽」(略字で「御礼」「寿」としてもよい)とし、両家の姓を並べて書きます。仲人宅へお礼にいく場合は、手みやげのお菓子などをお盆代わりにし、上にのせて渡すとよいでしょう。

おさいふポイント

●結納に必要な主な費用

			男性側	女性側	備考
結納の費用	結納品・結納返し	結納品（関東式）	1～5万円	1～5万円	男女が同数の結納品をそろえる。
		結納品（関西式）	3～20万円		女性側は受書のみを用意します。
		結納金	70～100万円		経済的に無理のない金額で。最近は婚約記念品のみの場合もあります。
		婚約記念品	30～50万円		
		結納返し		10～20万円	関東では結納金の半分がならわしです。関西では結納返しの習慣はありませんが、最近はどちらも、結納返しとして婚約記念品を贈ることが多くなっています。
		婚約記念品		10～15万円	
	会場代	レストラン・料亭の場合	4～10万円		両家で折半します。
		結納パックを利用する場合	8～20万円		
		スタッフへのご祝儀	5000～1万円		
仲人の費用	結納	車代	1～3万円		「御車料」として両家の連名で。
		酒肴料	2万円		祝い膳を省略した場合に包みます。
	挙式後	謝礼	10～20万円		結納金の1～2割がならわし。
		手みやげ代	5000円程度		挙式後にお礼にいく場合に。

●仲人謝礼の表書き

「御禮」または「壽」として、両家の姓を並べて書く。

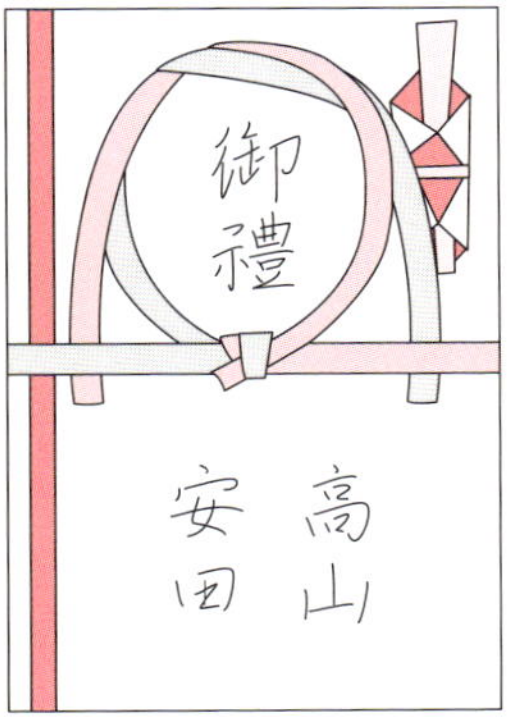

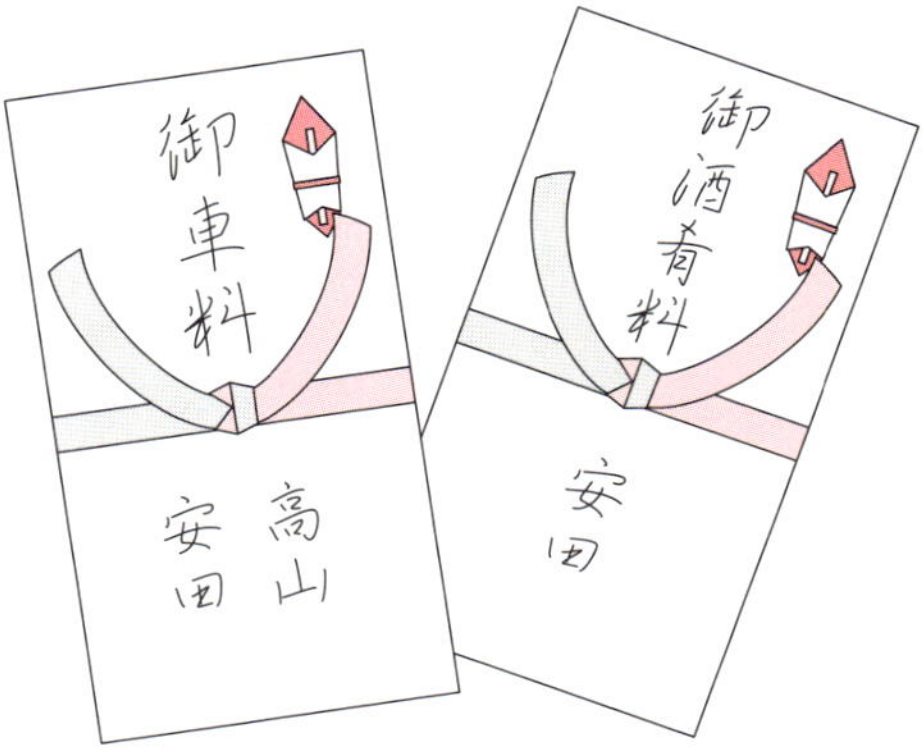

●酒肴料・車代の表書き

酒肴料は「御酒肴料」として出す側の姓を書く。
車代は「御車料」として、両家の姓を並べて書く。

そのほかの婚約形式

最近は、結納にとらわれない形の婚約が増えてきています。子どもや相手とよく相談し、両家が納得のいく形で婚約をとり行いましょう。

◉男性本人が女性宅に出向く

男性本人が結納品を持って出向き、結納の進行も男性本人がつとめます。女性側からの結納品や受書は省略するのが一般的です。

シンプルですが、男性本人が女性を大切にしている気持ちが相手の親に伝わる形式だといえます。

◉両家が集まっての食事会

堅苦しさがなく、費用もリーズナブルなことから、なんらかの形で結納を行ったカップルの約6割が選んでいる人気のスタイルです。結納用のメニューを用意しているお店もあるので、予約時に結納の食事会であることを伝えておくとよいかもしれません。服装は両家の格をそろえましょう。

●婚約記念品の交換式

結納品の代わりに、婚約指輪や時計などの婚約記念品を本人たちが贈り合い、結納がわりにする形式です。
本人たちだけで行う場合と、両家が集まって行う場合があります。両家が集まっての食事会に組み込むと、本人たちの結婚の自覚が高まりますし、場も華やかになります。

おさいふポイント

●男性から女性への婚約記念品ベスト3

❶指輪	92.2%
❷ネックレス	3.5%
❸時計	3.5%

人気はやはり指輪がダントツ。女性から男性への婚約記念品は、時計やスーツ、財布などの実用品や、最近はパソコンやカメラなど、趣味の道具を贈ることも多いようです。

●指輪の購入金額は？

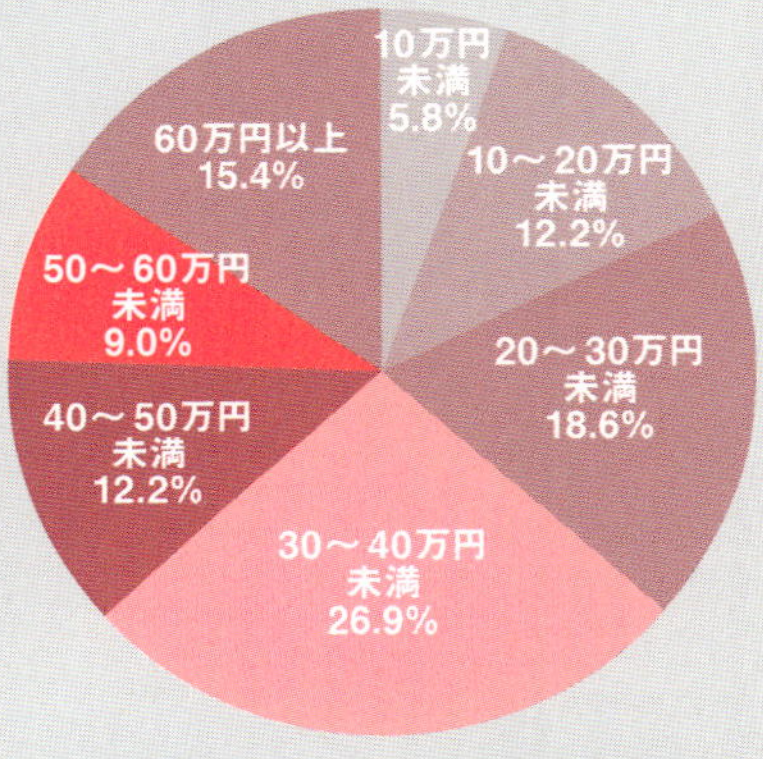

出典『ゼクシィ結婚トレンド調査2010首都圏』

◉婚約パーティー

子どもの友人などを招いて、パーティー形式で婚約をお披露目する方法で、本人たちが主催します。

親は控えめに列席し、あいさつを求められた場合は、あまりかしこまらずに、お祝いに訪れてくれたお礼を述べましょう。

◉婚約式

本来はキリスト教徒が、神と参加者の前で婚約の意志を誓う儀式ですが、最近は無宗教の婚約式も珍しくありません。
家族や友人の前で婚約宣誓書にサインし、指輪を交換するのが一般的なスタイルです。進行は牧師や神父が行うので、親は控えめに列席し、求められたらあいさつをします。

◉婚約通知状を出す

婚約通知状は、ハガキやカードで婚約をお披露目する方法です。

本人たちと関係が深い人へは本人たちの名前で、親戚や親と関係が深い人はそれぞれの親の名前で出すのが一般的です。

挙式の日取りなどが決まっていたら、それも一緒にお知らせしておきましょう。

拝啓
梅雨明け早々厳しい暑さが続きますが、お変わりなくお過ごしでしょうか。
さて、私たち両名はこのたび、菅野様ご夫妻にお立ち会いいただき、正式に婚約をいたしました。常日頃、皆様方にも温かいお心をかけていただき、ご支援やアドバイスをいただきましたこと、深く御礼申し上げます。
挙式は十月を予定しております。改めてご案内いたしますので、ご列席いただければ幸いです。
未熟な二人ですが　末永くご指導賜りますようお願い申し上げます。
敬具
高山　真一
安田　幸子

謹啓
盛夏の候、皆様にはいっそうご活躍のこととお慶び申し上げます。
さて、このたび私どもの長男真一が、安田　幸子様とのご縁に恵まれ、婚約の運びとなりました。改めてご案内させていただきますが、十月の挙式を予定しておりますので、ご列席いただければ幸いです。
若い二人に、今後とも変わらぬご指導、ご鞭撻を賜りますよう、よろしくお願い申し上げます。
謹白
高山　幸則
静香

おつきあいポイント

●親族への結婚報告はどうする？

日常的に交流があり、披露宴にも招待する親族へは、電話などで婚約のお披露目をし、披露宴の招待状を送るのがスマートです。

ふだん疎遠になっている親族へは、挙式後に結婚通知状だけ送付するほうが、気をつかわせずによいでしょう。

●どんな人に通知状を出すの？

婚約通知状は、挙式・披露宴に招待する予定の人にだけ発送します。

日常的に顔を合わせる職場関係の人には、通知状でなく口頭で伝えましょう。

婚約通知状の発送は婚約が決まったら早めに。遅くなってしまったときは、披露宴の招待状と重なるので省略します。

挙式までの相手とその家族への接し方

子どもの婚約者といえども、特に挙式までは節度あるおつきあいを。相手の家族に対してもでしゃばりすぎないことが大切です。

気づかいと節度を忘れない

婚約から挙式までの間は、本人たちだけでなく、お互いの親にとっても、相手とその家族をよく知り、歩調を合わせるための期間です。

婚約後は、挙式披露宴の打ち合わせなどで、子どもの相手が家に来る機会も多くなるでしょうが、あまりにもなれなれしくしたり、無理に食事やお酒につきあわせたりするのは禁物です。また、逆に子どもが相手の家の厚意に甘えすぎているようなら、節度をもって接するようアドバイスしましょう。

婚約後も、相手の親とは、挙式や披露宴、その後の本人たちの生活に向けて、話し合うことがたくさんあります。意見の合わない点があったら、お互いに妥協点を探して、わだかまりを残さずに挙式を迎えられるようにしましょう。

お中元・お歳暮は相手の負担も考えて

お中元やお歳暮は、相手に贈る慣習があるなら、それに合わせるようにします。最近はお中元やお歳暮の慣習が薄れてきたこともあって、両家で相談したうえで省略するケースも多くなっています。贈る場合は、相手の負担にならないように気をつけましょう。

こちらから贈っていないのに、相手からもらった場合は、手紙や電話でお礼を述べ、後でお礼の品を贈るようにします。

不祝儀は相手の意向に合わせる

婚約中に相手の家族や親戚に不祝儀があったときは、子どもは婚約者として通夜や告別式に列席し、親は通夜か告別式のいずれかに列席するのが一般的です。しかし、通夜や告別式に誰が列席すべきかは、それぞれの地方や家の考え方、親戚などに対するふたりの婚約の周知度などによっても異なるので、まずは電話などでお悔やみを述べ、相手の意向に合わせて行動するのがよいでしょう。

法事は基本的に完全な身内だけで行うものです。正式に呼ばれない限り、子どもも親も、こちらから何かをするのは控えましょう。

［挙式までの相手とその家族の呼び方］

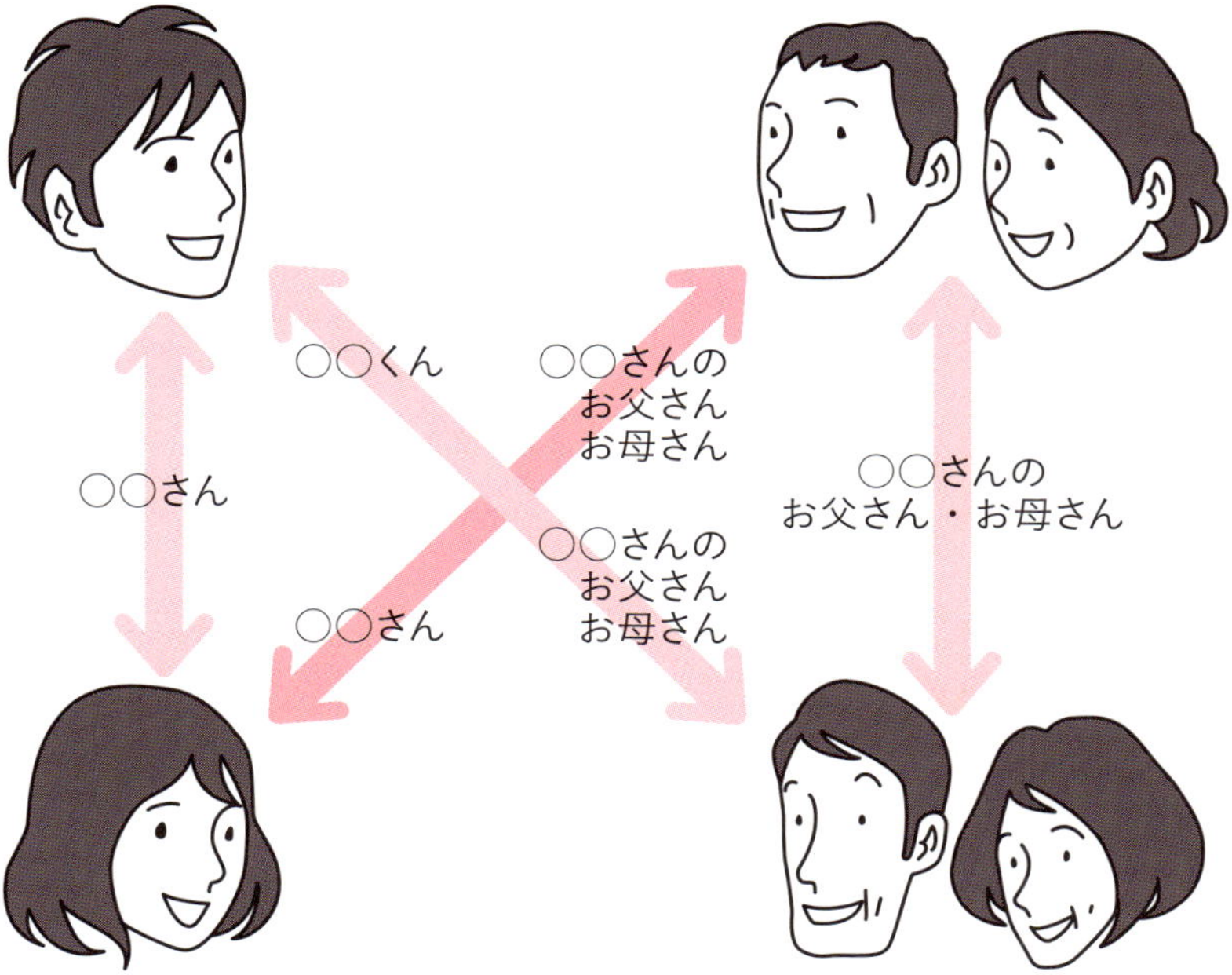

おつきあいポイント

●仲人へのお中元・お歳暮はどうする？

仲人へは感謝の気持ちを込めて、本人たちから折々のあいさつをしましょう。お中元、お歳暮とも贈るのが礼儀ですが、どちらかの場合は、お中元の代わりに近況を手紙で知らせ、お歳暮を贈るようにします。仲人との関係にもよりますが、挙式披露宴から３年をひとつの区切りとして、その後は近況を手紙で知らせるケースが最近は増えてきています。

仲人から辞退があった場合は、折々に手紙やハガキなどでこちらの近況を知らせるようにします。

●本人たちが婚約中にケンカしたら？

婚約から挙式までの間、披露宴や新生活のことなどで本人たちの意見が食い違い、ケンカになってしまうこともあるでしょう。

そんなときは、本人たちが障害を乗り越えることを信じて、静かに見守るのがいちばんです。

もし子どもが相談してきたら、きちんと話を聞いてあげるようにしましょう。親に話をすることで子どもが冷静になり、仲直りするケースも珍しくありません。

どうしたらいい？

親のリアルな悩み相談

Q 結婚相手の家が裕福。暮らしの違いがちょっと気になります

A1 相手が好意的なときは

とくに格差などを気にせず、好意的に接してくれる相手であれば、こちらも気にすることなくつきあいましょう。引け目を感じすぎてしまうと、かえってぎくしゃくとした関係になりかねません。相手の親と良好な関係を築きながら、子どもたちの結婚をサポートしてあげたいものです。

もし、結納や挙式などの費用の負担が気になる場合は、それとなく子どもたちから親に確認してもらいましょう。

A2 相手の態度が気になるときは

相手側が自分たちの資産などを自慢するような態度であれば、正直にこちらの生活がどのようなものであるかを話してしまうことです。そのうえで、結納や挙式・披露宴にかけられる費用を、先に伝えましょう。

価値観の違いなどから、今後の親戚づきあいを不安に感じるかもしれませんが、結婚する子どもたちの幸せを一番に考えることが大切です。相手の親とは、無理のない範囲でつきあいましょう。

Q 婿養子にきてほしいのですが、相手の親にはどのタイミングで、話をすればいいですか？

A1 相手が理解を示しているときは

相手とその両親が婿養子の話にあらかじめ理解があるようなら、親同士の顔合わせのときに話を切り出します。この場で正式に承諾を得たら、ていねいに感謝の気持ちを述べましょう。

なお、結納は両家の希望があれば行いますが、手順は通常の結納の逆になります。女性側が結納品を男性側に届け、男性側が結納返しをします。婿養子の場合、結納金は女性側が多めに包むのが一般的なようですが、最近では男性側で結納金を辞退するケースも増えています。

婿養子に出す親の気持ちも考え、結納や挙式など今後の話し合いをするときには、相手の意見を受け入れる配慮も必要です。

A2 相手に抵抗があるようなら

相手側が婿養子の話に抵抗があるようなら、顔合わせのときに話を切り出すことはやめます。相手の両親と何度か会って打ち解けたところで、正式な話し合いの場を設けましょう。話し合うときは、仲人など信頼のおける第三者を介して進めると、円満に解決することが多いようです。また、非常にデリケートな問題なので、あまり急いで話を進めないようにしましょう。多少時間がかかっても、双方が納得できるまで話し合うことが必要です。

現在は少子化のため、ひとりっ子同士の結婚も増えてきています。いざ子どもが結婚となると「家の存続」や「お墓の継承」のことを気にする親が多いのが現状です。しかし、家業を継いでほしいなどの目的がある場合をのぞいては、婿養子という形式にこだわる必要もないのではないでしょうか。

もし、どうしても家名の存続を考えるなら、婿養子だけでなく、婚姻後の姓を妻の姓にする、生まれてくる孫との養子縁組などを提案するという方法もあります。

Q 娘の結婚相手に小学生の子どもがいます。仲良くやっていくにはどうすればいいですか

A1 子どもと娘が打ちとけているときは

もし、娘と相手の子どもが数回会っていて、関係を深められそうであれば、親はもっと仲良くなれるよう、協力してあげましょう。娘には、結婚前から相手と子どもと3人で食事やハイキング、遊園地に行くなどして交流を深めるよう、アドバイスを。もっと仲良くなってきたら、ふたりだけで出かけさせるのもよいかもしれません。

また、祖父母となる立場の親が、子どもを家に招いて食事をふるまい、いろいろと話をする機会をもてば、子どもも、きっと安心することでしょう。

こちら側から積極的に子どもとコミュニケーションを取っていくようにすれば、家族としての絆を深められるはずです。

A2 子どもと娘に距離感があるときは

相手の子どもが、娘と仲良くなろうとしない様子であれば、娘には、最初から無理をせずに、少しずつ距離を縮めていけばよいと伝えてあげましょう。時が経つにつれて、子どもがだんだん心を開いてくれることもありますから、あせって仲良くなろうとする必要はありません。

ただし、子どもが娘に対して心を閉ざしているからといって、娘のほうでも子どもに距離を置いているようであれば、会ったときにはこちらからきちんと声をかけて少し会話をするように助言しましょう。こちらから歩み寄る姿勢を見せることも大切です。

血のつながりのない子どもと娘が、この先、親子としてうまくやっていけるか、心配になるのは親としては当然でしょう。しかし、子どものほうでも、新しい母親とうまくやっていけるか、きっと不安を抱えているはずです。特に親と死別した場合だと、子どもの心の整理がついていないことがあります。まずは、相手の子どもの気持ちになって考えてみることも必要ではないでしょうか。

Q

相手の父親が再婚した女性はまだ30代。じょうずな接し方はありますか

A1 子どもの結婚に関心がないときは

女性が、子どもの結婚にあまり関心がなく、今後の話し合いにも乗り気ではないようなら、話をしてもなかなか進展しない可能性があります。結納や挙式の打ち合わせについては、子どもたちにどうしたいか、プランをはっきり決めてもらい、相手の親に確認を取ってもらいましょう。こちらは必要なときのみ、女性と接します。もし、相手の父親が話し合いに積極的に応じてくれそうなら、父親を窓口にして話し合いを進めてもよいでしょう。

相手の母親がかなり年下だと、会話内容などにギャップを感じて戸惑うこともあるでしょう。しかし、子どもの義理の母となるのですから、ぎくしゃくせず、相手を立てながらおつきあいしましょう。

A2 こちらに協力的なときは

女性が義理の子どもの結婚に協力的で、なにかとこちらを頼りにしてくる場合は、人生の先輩として主導権を握って話し合いをリードすれば、スムーズに進むことでしょう。

ただし、何事もこちら側で強引に進めてしまう印象をもたれないように気をつけること。いくら協力的とはいえ、相手の父親の意見も聞きつつ、気持ちを慮りながら話し合いを進めることが大切です。

Q 過去に大病した相手と結婚する娘。親はどんなフォローができますか？

A1 子どもの結婚を受け入れるときは

子どもが選んだ相手なら結婚させてあげたいもの。ぜひ応援してあげましょう。

親は子どもたちときちんと話をして、相手の病気がどんな症状で、再発の可能性はあるか、どんな治療を受けてきたのかを把握しておくことです。

万が一、また体調を崩したときのことを考えて、いつでも子どもたちをサポートできるよう、体制を整えておきましょう。家事や育児のことについても、どうするかをあらかじめよく話し合っておくに越したことはありません。

相手の親とも日ごろから、こまめにコミュニケーションを取っておくとよいでしょう。

A2 まず気持ちを確認するときは

まずは子どもに、相手の現在の健康状態がどうなのか、どんな気持ちで結婚を考えているのかをきちんと確認しましょう。

もし、結婚後に相手の健康状態が不安定になったときに、経済面や育児などについて、どう対応するかを、しっかり話し合っておくことです。本人がきちんと計画性をもって結婚を望んでいるようなら、親は見守ってあげましょう。

Q 息子の結婚相手が家族で宗教に入信しています。どうおつきあいすればよいでしょうか。

A1 親に入信の意志がないときは

相手に対しては結婚前に、こちらに入信の意志がないことを伝える必要があります。両家で一度集まってきちんと話し合い、この点を明確にしておくことが重要です。息子さんだけでなく、将来生まれてくる孫やこちらの家族に入信を強制しないこと、相手とその家族が信仰することなど、相手側に歩み寄る形で、結婚の話を進めるとよいでしょう。

結婚前には「入信しない」という話になっていても、結婚後に、子どもとその家族も入信を勧められるケースもあります。こちらに入信の意志がないことに変わりがないのであれば、改めてそのときに、相手に伝えるとよいでしょう。

A2 子どもの結婚意志が固いときは

息子が結婚相手の宗教について知識があり、相手ときちんと話し合ったうえで結婚を決めたのであれば、親は信頼して、見守りましょう。

今後の相手との話し合いのなかで、相手側の入信している宗教の方式にのっとって行いたい、しきたりを守ってほしい、などの要望が出てくることは十分に考えられます。話し合いを進めていくうちに、価値観の違いがあらわれることもあるかもしれません。親としては、相手の考えにどこまで理解を示せるか、希望を子どもにはっきり伝えることも必要です。

また、一概にはいえませんが、結婚後にその宗教にまつわる生活習慣の違いなどが出てくる可能性もないとは限りません。

後々のためにも、疑問に思うことがあるのなら、結婚前に全部子どもに話しておきましょう。相手側にも遠慮せずに聞きたいことは聞き、疑問点はあらかじめ解決しておくことです。

こんなとき
どうする?

婚約を解消するとき

どうしても婚約を解消しなければならない状況になったときは、互いに責任をとるのが基本です。

性格の不一致、価値観の相違などの理由であれば、本人たちの話し合いで解決をします。話し合いがこじれそうな場合は、仲人や信頼できる第三者を間に立てるのが賢明です。

親は感情的になって相手と直接話をすることは避けましょう。

★相手に非がある場合は

婚約解消の原因をつくったほうが、責任を負います。婚約は社会的・法律的に認められた契約になるので、下記にあるケースだと、法律的に婚約解消が認められ、弁護士を通じて慰謝料を請求することもできます。

- □ほかの人と交際していた
- □ほかの人と婚姻していた
- □犯罪歴を隠していた
- □経歴を偽っていた
- □相手から暴力行為を受けた
- □多額の借金を隠していた

婚約解消が決まったら…

仲人に報告

必ず双方の親が出向きましょう。無理な場合は頼んだ側が出向きます。

婚約解消の通知を出す

ふたりの連名または個別で、婚約を知らせた人や披露宴に招待した人に封書で通知を出します。

相手からもらったものは返す

婚約指輪、結納品、結納金など、もらったものがあればすべて返します。

もらったお祝いを返す

すでに親戚などからお祝いをもらっていたら、同額の現金または商品券を返します。

式場のキャンセル

キャンセル料は両家で折半が基本です。ただし、相手側に非がある場合は相手の負担になります。

Part＊2

結婚準備～結婚編

婚約がすんだら、
いよいよ挙式・披露宴の準備に取り掛かります。
親が関わるべき点を押さえ、
晴れの日を迎える子どもたちを、
じょうずにサポートしてあげましょう。

挙式・披露宴のプランを決める

親族にどのような人がいるか子どもたちに伝えておきましょう。お年寄りが多い場合は、立食形式の披露宴を避けるなど工夫します。

挙式・披露宴は子どもの意見を尊重

子どもの結婚が正式に決定したら、次は挙式・披露宴について検討をはじめましょう。日取りの設定や会場の手配はもちろん、式の内容や招待客への連絡など、考えなくてはならないことがたくさんあります。

結婚については、家同士の結びつきを重視していた時代とは異なり、今では個人と個人のものという考え方が一般的です。強引に親の理想や常識を押しつけるようなことは慎み、子どもたちの意見を尊重し、望んでいる挙式・披露宴を挙げられるようにサポートしましょう。

どうしても親の意見を伝えたいときは、本人たちとよく話し合い、お互いが歩み寄れるようにしてください。

必要に応じて子どもの手助けを

今では、挙式・披露宴の形式はバラエティ豊富で、会場も結婚式場やホテルのほかにレストランやゲストハウスなど選択肢が広がっています。当然、親の挙式・披露宴への関わり方も、昔と違ってさまざまです。今どきの結婚について調べておくと、子どもの意見が理解しやすかったり、自分たちの時代との違いに戸惑ったりすることもなくなります。子どもが買ってきたブライダル雑誌などにあらかじめ目を通しておくことをおすすめします。

プランを立てるのは、本人たちにまかせますが、挙式・披露宴のスタイルなどは事前に確認しておきましょう。

例えば、親族を呼ばずに友人たちだけで、結婚パーティをゲストハウスなどで開きたいと考えているかもしれません。その場合、親族への結婚の報告をどうするのか考える必要があります。親族の参加がどうしても避けられないときは、プランの変更について子ども本人と話し合う必要があります。

子どもにまかせきりにするのではなく、希望する挙式・披露宴ができるように、必要なときに手助けをするのが親の役割です。その際、いろいろと意見を出しすぎないように、気をつけましょう。

◉挙式のスタイル

神前式（▶P.124）
神道に基づくもので、神社で挙げます。斎主が神様に結婚の報告をし、新郎新婦は三三九度の杯を交わします。

キリスト教式（▶P.126）
牧師の前でふたりの愛を誓い合う、キリスト教の結婚式です。ウエディングドレスも華やかで、もっとも人気があります。

仏前式（▶P.128）
お寺の本尊に対して、結婚の報告をし、新郎新婦が誓杯を交わします。僧侶から新郎に白い房、新婦に赤い房の数珠（念珠）が授与されます。

人前式（▶P.130）
無宗教の挙式のスタイルで、立会人または招待客に対して、結婚の誓いを立てます。特に定まった形式はありません。

実施した挙式スタイルの割合

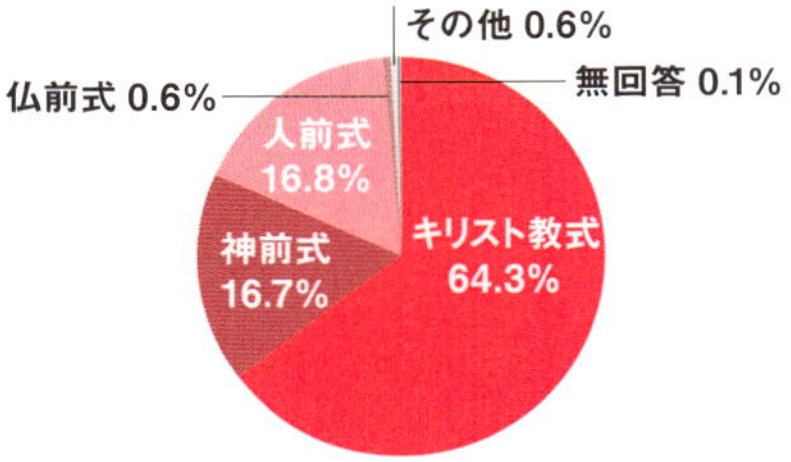

出典『ゼクシィ結婚トレンド調査2010 首都圏』

◉披露宴のスタイル

着席フルコース
もっとも格式のあるスタイルで、落ち着いて食事を楽しむことができます。席を立つことがほとんどないので、席次に気をつけましょう。

着席ビュッフェ
席はありますが、料理は各自で取りにいきます。席が離れた招待客同士でも会話ができます。ざわついた雰囲気になるので、スピーチを挟むなどの工夫をしましょう。

立食ビュッフェ
席がない立食スタイルで、カジュアルで気取らないのが最大の利点。年配の人がいるときは、座席を用意しておくなどの気遣いが必要です。

子どもの意見！

●挙式や披露宴は自分たちで決めたい

親は自分たちの挙式・披露宴と比べたがりますが、今ではもう古いスタイルのこともあります。理想の挙式を押しつけられるのはちょっと困ります。自分たちの挙式・披露宴なので、自分たちで決めたいのです。気になることがあったら、少し意見をするくらいにとどめてくれると嬉しいです。

おつきあいポイント

●両家で式についての意見が合わないときは

住んでいる地域が異なるため、結婚の風習が合わないなど、両家で意見が分かれることがあります。そういうときは、現在、本人たちが住んでいる場所に合わせましょう。結婚式についての考え方の違いであれば、よく両家で話し合い、最終的には本人たちに決めてもらいましょう。

日取りや式場を決める

余裕があると思っていても、時間はあっという間に過ぎていきます。ときどきスケジュールをチェックして、予定通り進んでいるか確認を。

式場の予約は8カ月前が目安

挙式・披露宴の日取りは、出席者が参加しやすい日を考慮して決定します。基本的に、土日や祝祭日といった休日になります。

当然、そういった日に挙式をする人が集中するので、かなり前から式場の予約が必要です。8カ月前に式場を予約するのが平均的です。大安の休日ともなると、人気の式場では、1年以上も前から予約が必要なこともあります。

ただ、新婦が妊娠しており、安定期の5～7カ月のうちに挙式したいと考えている場合は、そんなに時間をかけられません。大安などの吉日にこだわらず、ある程度妥協して日取りを決めましょう。

最近では減ってきているとはいえ、親族には、六輝の吉日を気にする人がいるかもしれません。子どもが結婚式場の仏滅の割引などを利用したいと希望している場合は、出席する親族の性格なども判断材料にするとよいでしょう。

若い人が軽んじてしまいがちな習慣は、親がその都度アドバイスしてあげましょう。

ブライダルフェアで会場の下見を

式場を選ぶときは、ブライダル雑誌などを参考にするのが基本ですが、必ず下見をしてから選ぶように、子どもに伝えましょう。式場の様子、駅からの距離や駐車場の広さなどは、実際に足を運ばなければ確認できません。下見をしたら、チェックポイントの確認をすると安心です。

ほかにも、料理の試食やドレスの試着、模擬挙式を見学できるブライダルフェアにも参加するように促します。子どもが雑誌の情報だけで会場を選ぶことがないようにしましょう。

六輝（六曜）の吉と凶

大安	一日中が吉。なにをしてもよい結果が得られる。
赤口	午の刻（午前11時～午後1時）が吉でそれ以外は凶。凶日の一つ。
先勝	午前が吉で午後が凶。午前からはじめると吉といわれている。
友引	午前と夕方と夜が吉。昼は凶になる。結婚式にはよいとされている。
先負	午前は凶で午後は吉。賭けごとや急用に向かないといわれている。
仏滅	一日中が凶。なにをしても悪い結果になるといわれている。

［結婚式場の予約の流れ］

式のスタイルを決定 ▶ **式場の下見** ▶ **プランナーに相談** ▶ **式場の予約**

式のスタイルを決定
どんな式にするのか、どれくらいの予算で挙げるのか、日取りはいつにするのかを決定します。

式場の下見
式を挙げる候補の式場を下見します。ブライダルフェアにも積極的に参加するとよいでしょう。

プランナーに相談
日取りや見積もり、式の内容などを式場に相談し、希望する式が挙げられるか検討します。

式場の予約
予算、日取り、内容、式場に問題がなければ、式の予約をします。８カ月前くらいが目安です。

◉式場選びのチェックポイント

子どもがブライダルフェアや会場の下見をするときは、次のポイントを確認するように伝えましょう。

Check!

- □予算の範囲内でできる
- □希望する日取りで挙げられる
- □希望するスタイルの挙式・披露宴ができる
- □レンタルの衣装が豊富で気に入った衣装がある
- □招待客の着付けやヘアメイクができる
- □プランナーやスタッフの印象がいい
- □バリアフリー化している
- □控え室などの設備がきれい
- □式場の雰囲気がふたりのイメージに合っている
- □披露宴の料理がおいしい
- □引き出物の種類が豊富で贈りたいものが選べる
- □交通の便がいい
- □駐車場が広い
- □宿泊施設がある、近い
- □引き出物の持ち込みができる
- □式場と披露宴会場が近い

挙式・披露宴の費用について

子どもから親に対して、援助をしてほしいとは頼みにくいこともあります。親から、援助が必要か、それとなく尋ねてみるとよいでしょう。

挙式・披露宴に親が援助するのは一般的

結納から新婚旅行まで、結婚にかかる費用は、約440万円程度といわれています。節約したとしても、それなりの金額がかかってしまうのは間違いありません。

子どもたちの資金だけで挙式できればいいのですが、新生活にはなにかとお金がかかります。大金ではなくても、ある程度は援助をしたいところです。

事実、7割ほどの親が挙式・披露宴の援助をしています。援助する金額は、できる範囲でいいでしょう。首都圏の平均は、約190万円です。結婚にかかる費用の3分の1以上を親からの援助でまかなうことになります。

子どもから援助について要請があったら、挙式・披露宴にかかる費用の確認をしましょう。分不相応に高額な式になっているようなら、プランの立て直しをアドバイスしてもいいでしょう。

ただ、いくら援助をしているからといって、必要以上に口出しをしないように気をつけましょう。子どもの行きすぎを抑えるくらいがちょうどいいバランスだと思ってください。

両家の費用負担はあらかじめ話し合う

かつて挙式・披露宴にかかる費用は、新郎が6割、新婦が4割を負担するのが一般的でした。

しかし今では、衣装代は各自が、料理はそれぞれの出席者の人数に応じて……というように、それぞれにかかった費用を公平に負担するようになっています。

ただ、お互いの地域のしきたりがあったり、相手側の都合で式のプランに変更があったりと、打ち合わせを重ねていくうちに費用の分担がはっきりしなくなるケースが考えられます。お金の話なので、言い出しにくいのはわかりますが、これをあいまいなままにしておくと、後々トラブルになる可能性があります。

あらかじめ費用の分担について両家で話し合い、変更があれば、そのたびにきちんと決めるようにしましょう。

［挙式・披露宴にかかる費用］

	首都圏平均額（招待客70人の場合）
挙式料	26.8万円
料理＋飲み物	126 万円 （ひとりあたり 1.8万円）
新婦の衣裳	40.4万円
新郎の衣裳	14.6万円
引き出物	42 万円 （ひとりあたり 0.6万円）
ブーケ	5.6 万円（2 個の場合） （ 1個あたり 2.8万円）
会場装花	17.8万円
ウエルカムアイテム	1.3万円
スナップ撮影 （業者に支払った費用）	20.7万円
ビデオ撮影 （業者に支払った費用）	16.5万円
合計	311.7万円

『ゼクシィ結婚トレンド調査2010 首都圏』をもとに作成

挙式・披露宴の平均値

招待客人数
67.7 人

ひとりあたりの挙式・披露宴・披露パーティ費用
5.8 万円

ご祝儀総額
223.5 万円

親・親族からの援助総額
194.6 万円

出典『ゼクシィ結婚トレンド調査2010 首都圏』

子どもの意見！

●計画を立てるとき早めに援助について教えてほしい

挙式や披露宴の計画を立てるとき、親からお金の面で援助をしてもらえるのかどうか、金額がどれくらいになるのかを教えて欲しいです。会場の予約は、8カ月前にはしないといけないので、結婚が決まったら、できるだけ早く援助してもらえる金額がわかると助かります。

おさいふポイント

●見積もりより金額はアップすることがほとんど

どんなに綿密に見積もりをとっていても、8 割弱の挙式・披露宴で支払金額が見積もりを上回ってしまうようです。ちなみに、オーバーした金額の平均は約 90 万円。挙式・披露宴にかかる費用は、見積もり通りに収まるとは思わずに、最初からある程度余裕をもって予算を組んでおくといいでしょう。

媒酌人はどうする？

子どもたちに、媒酌人をお願いできるような人に心当たりがないようなら、親の知り合いからふさわしい人を紹介してあげましょう。

最近では媒酌人は当日だけ頼む

媒酌人は、結納のときと同じく仲人と呼ばれることが多いのですが、本来、挙式・披露宴では媒酌人に呼び方が変わります。男女の出会いから、結納、挙式・披露宴まで関わる、重要な役割を担っています。

今では、挙式の当日だけお願いするのが一般的で、「頼まれ仲人」といいます。

現在、媒酌人を立てる式は全体の約0・1割で、それもほとんどが頼まれ仲人です。逆にそのため、媒酌人を立てることで式の格式が高まると考えることもできます。また、両家の調整役、相談役といった大事な役割もあり、媒酌人を立てないという結論を安易には出さず、よく考えるようにしましょう。

媒酌人にふさわしい人を選ぶ

媒酌人を立てることがきちんと決まったら、ふさわしい人を選びます。

一般的に媒酌人にふさわしい人とは、良識があり、円満な家庭を築いている夫婦とされています。実際には、新郎の会社の上司や恩師に依頼することが多いようです。

媒酌人の依頼をするには

媒酌人の依頼は、挙式の半年ほど前から遅くとも3カ月前にはすませます。媒酌人を選んだら、まず本人から電話や手紙で打診します。親の知人の場合は、親が依頼します。

内諾をもらったら、正式な依頼をするため、手みやげを持って結婚する本人たちが直接あいさつにいきます。このとき、ふたりのなれそめやプロフィールがわかる身上書を用意します。また、式の場所や内容などを伝えて、媒酌人としての職務をきちんと果たせるようにしましょう。そのあとも、式の内容に変更があれば、その都度、報告します。

媒酌人との関係は、本人たちが結婚してからも続きます。責任ある大役を引き受けてくれた人へ礼儀を欠くことがないように気をつけましょう。挙式後も季節のあいさつを欠かさず、末永いおつきあいをお願いします。

媒酌人へのお礼

媒酌人へのお礼は、今では挙式当日に渡すことが多くなりました、正式には後日、車代とあわせて渡します。その後も、新婚旅行のおみやげや季節のあいさつとして、お中元やお歳暮などを贈ります。

- **挙式・披露宴だけお願いした場合（頼まれ仲人）** ……… **10～20万円**
- **結納から挙式・披露宴までお願いした場合** ……… **15～30万円**
- **車代（自家用車で来場の場合も）** ……… **1～3万円**
- **新婚旅行のお土産** ……… **1万円程度**
- **結婚後のお中元、お歳暮** ……… **5000円前後**

おれの表書きと渡し方

祝儀袋は水引が金銀または紅白の結び切りのもので、のしをつけ、中袋には旧字で金額を書きます。表書きは「御禮」または「壽」とします（「御礼」「寿」としてもよい）。車代は略式の祝儀袋でも構いません。どちらも両家の連名にします。

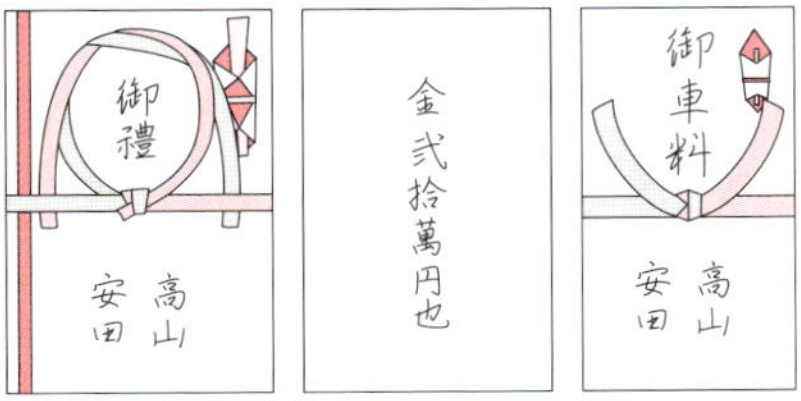

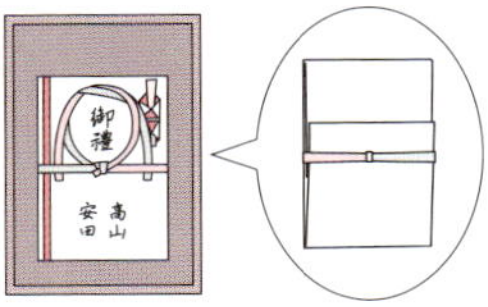

渡すとき、祝儀袋の裏は、下を上にかぶせ、塗り盆または菓子折の上にのせて渡します。

世話人・仲人・媒酌人はどう違う？

どれも同じ人ですが、そのときの立場によって呼び方が変わります。

お見合い　**世話人**：結婚を希望する男女の縁談相手を探して、お見合いまでをセッティングする。

挙式前　**仲人**：婚約から挙式・披露宴までを取り仕切り、両家の間をとりもつ。

挙式・披露宴　**媒酌人**：挙式・披露宴に立会い、ふたりの結婚を出席者に報告する。

挙式後　**仲人**：挙式後もふたりのことについて相談を受けることもある。

媒酌人をお願いする人の条件

忙しすぎない人

結納に立ち会ったり、相談を受けたりと、何かと時間を取られます。

夫婦・家庭が円満な人

結婚を取り仕切る立場なので、夫婦仲が良好でなければなりません。

新郎新婦をよく知っている人

恩師や上司など、新郎新婦、またはどちらかをよく知っている人にお願いします。

社会的信用のある人

責任のある役目なので、式の出席者から見ても信頼できる人でなければなりません。

衣装を決める
［新郎・新婦］

挙式・披露宴の主役は子どもたちです。主役らしい衣装を着せてあげましょう。本人たちが着たい衣装を選べるように、援助してもいいでしょう。

挙式の4カ月前には計画を

挙式のスタイルが決まったら、次は式の内容について検討します。特に衣装は、オーダーメイドなら6カ月前、レンタルでも3カ月前には決めなくてはならないので、時間に余裕がありません。特にレンタルは、式までの期間が短いと、選べる衣装が少なくなります。

本人たちは、時間をかけて選びたいでしょうが、選べる衣装が少なくなってしまっては意味がありません。衣装の種類だけでも、早い段階で決めてもらうようにしましょう。

式場に用意されている衣装で気に入ったものが見つからないときは、貸衣装店を利用しましょう。ちなみに、外部の業者を利用した場合、式場によっては、持ち込み料（保管料）を請求されることがあります。

衣装を選ぶ前に決めておくこと

挙式の衣装は、多くの女性があこがれを持っているものだけに、新婦がリードすることが多いようです。衣装選びは新婦に任せて、それに新郎が合わせてしまうとスムーズでいいでしょう。

ただし、披露宴中のお色直しの回数や、和装・洋装の選択など、式の内容に関わるものについては、事前に話し合いましょう。

お色直しは、厳粛な挙式から、パーティとしての披露宴への転換ということもあり、挙式よりリラックスできる衣装を選びます。

お色直しの回数は、1回だけのカップルがもっとも多く、6割を占めています。何度もお色直しをして、新婦が会場にほとんどいないというのは避けたいものです。

新婦の衣装選びには新郎が付き添うことが多いようですが、せっかくなら式の当日までどんな衣装を着るかは内緒にしておきたいところ。その場合、衣装選びには、親またはきょうだいが付き添うといいでしょう。身内なので遠慮なく、客観的な意見をいうことができます。ただし、伝統や個人的な好みを押しつけるのではなく、本人の意見によく耳を傾けましょう。

新婦の衣装のパターン 人気の組み合わせ

当日のお色直しの回数は、2回が60.8%と一番多く、お色直しなしが15.7%、3回が14%と続きます。白無垢と色打掛など、和装だけの組み合わせは非常に少なく、9割以上がウエディングドレスです。

1. ウエディングドレス＋カラードレス
2. ウエディングドレスのみ（お色直しなし）
3. ウエディングドレス＋色打掛
4. ウエディングドレス＋白無垢＋色打掛
5. ウエディングドレス＋黒引き

出典『ゼクシィ結婚トレンド調査2010　首都圏』

ウエディングドレス　カラードレス　白無垢　色打掛

衣装にかかる費用

新婦

	レンタル	購入した場合
ウエディングドレス	約22万円	約30〜60万円
カラードレス	約20万円	約10〜50万円
白無垢	約18万円	約50〜200万円
色打掛	約25万円	約200〜300万円

新郎

	レンタル	購入した場合
フロックコート	約11万円	約5〜20万円
タキシード	約11万円	約5〜100万円
黒五つ紋付羽織袴	約9万円	約5〜100万円

新郎の衣装

新郎の衣装は、洋装の場合、挙式・披露宴が昼ならフロックコート、夜ならタキシード、和装の場合は黒五つ紋付羽織袴になります。約8割がタキシードを選び、約半数がお色直しをしません。

フロックコート　タキシード　黒五つ紋付羽織袴

衣装を決める
［両親・親族］

新郎新婦のきょうだいがまだ若い場合は、礼服を持っていない可能性があります。この機会に購入するか、式場にレンタルを手配しましょう。

両親の服装の格は新郎新婦とそろえる

両親の服装は、新郎新婦と格をそろえます。そのため、新郎新婦が正礼装なら正礼装を、準礼装なら両親も準礼装を着ます。

正礼装とは、特に格式の高い式典などに出席するときの正装のことです。準礼装、略礼装の順に格が落ちます。

ただ、主役である新郎新婦よりも派手にならないよう、やや控えめにしましょう。和装、洋装については、夫婦で合わせる必要はありません。母親が和装で、父親が洋装でも問題ありません。

ちなみに、媒酌人の服装も新郎新婦の両親と格をそろえることになっていますが、母親は媒酌人夫人よりも派手にならないよう配慮してください。服装については、媒酌人、相手側の両親と事前に打ち合わせをしておきましょう。

洋装の正礼装は昼と夜とで異なる

洋装の正礼装は、昼と夜で着るものが異なるので、注意が必要です。

洋装の正礼装は、父親の場合、昼の式ならモーニングコート、夜の式ならテールコートかタキシードです。母親は、昼の式ならアフタヌーンドレス、夜の式ならイブニングドレスになります。

和装の正礼装は、父親の場合、黒五つ紋付羽織袴、母親は五つ紋の黒留袖です。洋装の場合、喪服を連想させるため黒っぽい色は避けましょう。

衣装を持っていなくても、式場でレンタルできますから、新郎新婦と合わせてお願いしてもいいでしょう。着付けやヘアメイクを頼むこともできます。間近になって慌てないよう、準備をしておくと、余裕を持って式に臨むことができます。

カジュアルな式では訪問着やスーツで

最近では、カジュアルな式も多く、新郎新婦が略礼装のときがあります。そのときは、両親も新郎新婦の衣装の格に合わせて、父親はダークスーツ、母親は和装なら訪問着か色無地や付下げ、洋装ならフォーマルなワンピースかスーツを着用します。

モーニングコート　テールコート　黒五つ紋付羽織袴

●父親の衣装

	洋装	和装
正礼装	昼：モーニングコート 夜：テールコートかタキシード	黒五つ紋付羽織袴
準礼装	昼：ディレクターズスーツ 夜：タキシード	黒紋付羽織袴 （三つ紋か一つ紋）
略礼装	ダークスーツ	なし

●母親の衣装

	洋装	和装
正礼装	昼：アフタヌーンドレス 夜：イブニングドレス	黒留袖（五つ紋） 色留袖（五つ紋）
準礼装	昼：セミアフタヌーンドレス 夜：セミイブニングドレス	訪問着（三つ紋） 色無地（三つ紋）
略礼装	フォーマルなワンピースかスーツ	訪問着 色無地 付下げ

アフタヌーンドレス　黒留袖

●親族の衣装

親族も新郎新婦の両親に格をそろえるので、それに準じた衣装を用意します。未婚の場合は、男性ならブラックスーツかダークスーツ、女性ならフォーマルなワンピースやスーツ、振袖や訪問着が一般的です。学生は、学校の制服で問題ありません。品のある落ち着いた装いを心がけ、新郎新婦より華美にならないようにします。

	洋装	和装
男性	既婚：モーニングコート、タキシード、テールコート 未婚：ブラックスーツかダークスーツ	黒五つ紋付羽織袴
女性	アフタヌーンドレス、イブニングドレスフォーマルなワンピースやスーツ	既婚：黒留袖（五つ紋）、色留袖 未婚：振袖、訪問着

※新郎新婦が正礼装の場合。

招待客を選ぶ

招待客選びでは、親は親族の誰を呼ぶかを決めるだけにして、あとの人選は子どもにまかせること。挙式の4～5カ月前までには選び終えます。

親は親族の招待客を選ぶ

基本的に招待客選びは本人たちにまかせますが、親族については親が行います。

親族以外の招待客選びについて、親の意見や希望を無理に通し、本人と面識のない人を呼ぶなどするのは避けましょう。

今はかつてのように、家同士の結びつきを重んじて、親の考えで招待客を選んでいた時代とは違います。あくまでも子どもの結婚式なのですから、本人たちが招待したい人を選ぶことが大切です。

招く親族の範囲については、子どもにとって祖父母、おじ・おばまでが一般的です。ほかにいとこなど、子どもが特に招きたい親戚がいる場合には、相談してリストに加えるようにしましょう。

招待したい人をリストアップ

おおよその招待客の人数が決まったら、招待客を選びます。まずは、子どもたちが親族や友人、職場関係者など、どんな人をメインの招待客と考えているかを確認しましょう。それから、必ず招待する人、招待したい人、というように、優先順位を決めてリストアップしていきます。

さらに、親族、上司、友人といったグループごとに分けて人数を調整すれば、招待客選びがスムーズに進みます。挙式の4～5カ月前には選び終えましょう。

両家の招待客の人数調整をする

両家の招待客数に差がないことが望ましいものの、無理に相手側と招待客数を合わせることはありません。親族や友人が遠隔地に多いといった理由から、人数に差が出てくるのは、ある程度仕方のないことです。

ただし、招待客数の差が開きすぎると、費用の分担でかなりの差額が生じることにもなりかねないので、相手の承諾を得ておくことが大切です。

この場合、費用は折半ではなく、披露宴の招待客ひとりあたりにかかる費用をもとに計算するなど、両家で話し合いながら調整するとよいでしょう。

招待客選びの流れ

1 本人たちに確認

式や披露宴を友人中心にするか、親族中心で行うかを子どもと親で確認。

2 招待者の人数を決める

予算を考えて、大体の招待者の人数を決めておく。

3 リストアップする

優先順位を決めて、招待客をリストアップする。

1. 必ず招待しなくてはいけない人
2. ぜひ招待したい人
3. 招待するか検討する人

4 人数調整をする

リストアップした人のなかから、親族、仕事関係者、友人などグループに分けて人数を調整し、両家の招待客数のバランスを確認する。

5 再チェック

子どもと親で招待すべき人がもれていないかを再度チェックする。

※リストが完成したら、招待客の住所、連絡先、肩書き、年齢、本人との関係を書いておくと、招待状の発送作業などが楽に進む。

おさいふポイント

●遠方の招待客の交通費、宿泊費はどうする？

往復の交通費や新幹線、飛行機などの切符を前もって送り、宿泊費も負担するのがマナーです。もし全額負担できないなら費用の半分を負担する、ご祝儀を辞退するという方法もあります。なお、親族を遠方から招く場合は、親族での間の慣例にしたがい、親が判断をしましょう。

おつきあいポイント

●披露宴に親族を招待しきれない場合

子どもの友人や会社関係の招待客が多く、親族を呼びきれないときは、二部制の披露宴を開く方法があります。はじめに親族だけで披露宴を行い、その後に同じ会場で子どもの友人を招いてパーティー形式の披露宴を開くといった方法で、多くの招待客を招きたいときにはおすすめです。

招待状の書き方・送り方

招待客への連絡は、人数が多いため、かなり大変な作業になります。親族へは親から連絡して、ふたりの負担を減らしてあげましょう。

招待状の発送は式の2カ月前が目安

招待客が決まったら、招待状を発送します。招待状は、遅くとも挙式の2カ月前には発送しましょう。ただし、あらかじめ招待したい人に電話などで結婚する旨を伝えて、出席の内諾をもらってから発送します。親族など本人たちにあまりなじみのない人へは、親が電話するといいでしょう。

上司や恩師といった主賓には、郵送ではなく直接手渡しします。こういった礼儀は、親から本人たちに教えて、失礼にならないよう気をつけましょう。招待状は親の名前で出すものなので、本人たちに任せきりにせず、親も確認するようにします。

招待状に書くことと同封するもの

招待状には、本人たちの氏名、媒酌人を立てている場合はその氏名、両家の父親または母親の氏名、挙式・披露宴の日時と場所、出欠の返信締切日を記入します。料理のスタイル、服装など、特に事前に知らせておきたいことがあれば、それについても書き加えます。出欠の返信締切日は、挙式の1カ月前を目安にしましょう。

スピーチや余興を依頼するときは、あらかじめ電話などで依頼し、招待状に手紙を添えて、あらためてお願いします。引き受けてもらえたら、いつ行うのか、どんな内容にするのかなどを伝えます。

招待状には、出欠の連絡をするための返信はがき、式場の住所と電話番号を記した地図を同封します。スピーチや余興をお願いしている人にはあらためて依頼する手紙を書き、同封しておきます。

招待状は式場に依頼してつくってもらうことができますが、最近では、本人たちが手づくりすることも多くなっています。オリジナルの招待状をつくるには、かなり時間がかかるので、早めに準備しましょう。

また、オリジナルの招待状は、内容が年配者や目上の人に対して失礼でないか、親が確認します。もし、媒酌人を立てているときは、媒酌人にも内容を確かめてもらうといいでしょう。

◉招待状の差出人はどうする？

招待状の差出人は、親の名前にするのが一般的ですが、本人たちの名前を使うケースもあります。形式にこだわる人へは、親の名前を差出人にするのが無難です。

本人の名前を差出人にしてもよいケース

友人を中心に招待した式の場合か、友人や知人へ出すとき

親の名前を差出人にするケース

恩師、上司など地位のある人へ出すとき。基本的に差出人は親の名前で出します

◉招待状発送の流れ

4〜5カ月前
招待客を検討する

▼

3カ月前
招待客にあらかじめ出席を打診する
招待状を業者に依頼する（印刷には２週間ほどかかる）

▼

2カ月前
招待状を発送する

▼

1カ月前
招待状の返信の締切日

おつきあいポイント

●招待状の返事が来ないときは

招待状の返信の締切日になっても、返事が来ない招待客がいる場合は、締切から１週間ほど期間をおいてから、電話で出欠を確認しましょう。事情があってなかなか出欠の判断ができない招待客がいる場合は、いつごろまでに返事ができるのかを確認して、式場と相談します。親族の場合は、親が子どもの代わりに連絡するといいでしょう。

●きょうだいに招待状は送るの？

基本的に、独身のきょうだいに対しては、招待状を送らなくてもいいことになっています。口頭や電話で案内して、出欠の確認を取ります。念のため、日時や式場の場所などを文書で送ってあげると間違いがありません。ただ、結婚しているきょうだいの場合は、その配偶者も招待することになりますから、招待状を送ります。

◉招待状の書き方　両家の連名の場合（親が差出人）

謹啓　初春の候　ますますご清栄のこととお慶び申し上げます

このたび　菅野昭博様ご夫妻のご媒酌により

幸則　長男　真一

晋　三女　幸子

の婚約が相整い　結婚式を挙げることになりました

つきましては幾久しくご懇情賜りたく　披露かたがた心ばかりの粗宴を催したく存じます

ご多忙中　誠に恐縮でございますが　何卒ご臨席賜りますようご案内申し上げます

謹白

平成○年○月吉日

高山幸則

安田晋

記

日時　平成○年○月○日（土曜日）　午後○時

場所　○○ホテル　○○の間

お手数ながら　ご都合のほどを○月○日までに同封の葉書にてお知らせくださいますようお願い申し上げます

◉招待状に同封するもの

招待状の封筒には、相手によっては挙式の出席や余興、スピーチのお願いの手紙を添えます。同封するものが異なる人の招待状は、間違えないようによく確認しましょう。

Check!

- □式場までの略地図
  - ・式場の住所、電話番号
  - ・駐車場の有無
- □出欠の返信用はがき（切手を添付）
- □手紙
  - ・挙式への出席のお願い
  - ・スピーチ、余興のお願い
- □交通機関の切符

◉招待状に盛り込む内容

差出人が両家の親か、本人かによって違いはありますが、招待状にはどちらにも共通して次の内容を盛り込む必要があります。抜けているものがないか確認しましょう。

Check!

- □季節のあいさつ、結婚の報告
- □媒酌人の名前（媒酌人がいる場合）
- □新郎新婦の名前
- □披露宴に招待する旨
- □披露宴の日時、会場名
- □招待状を投函した日付
- □差出人の名前
- □返信の締切日

◉招待状の書き方　新郎新婦連名の場合（本人が差出人）

謹啓　初春の候　ますますご清栄のこととお慶び申し上げます
この度　私たちは　林田昭博様ご夫妻のご媒酌により結婚式を挙げることになりました
つきましては　日ごろお世話になっている皆様をお招きし小宴ではございますが披露宴を催すことにいたしました
ご多忙のところ誠に恐れ入りますが　ぜひご出席くださいますよう　ご案内申し上げます

謹白

平成○年○月吉日

記

日時　平成○年○月○日（土曜日）　午後○時
場所　○○ホテル　○○の間

高山真一
安田幸子

お手数ながら　ご都合のほどを○月○日までに同封の葉書にて
お知らせくださいますようお願い申し上げます

◉招待状の封筒の書き方

差出人（裏）

親が差出人の場合は、両家の父親の名前と住所を、本人たちの名前のときは、本人たちの名前とそれぞれの現住所を記入します。封に寿のシールを貼り、右から閉じます。

あて名（表）

送り先が夫婦の場合は、それぞれの名前に「様」をつけます。名前の漢字が旧字なら旧字表記で。あて名書きには毛筆またはサインペンを使います。ボールペンはNG。

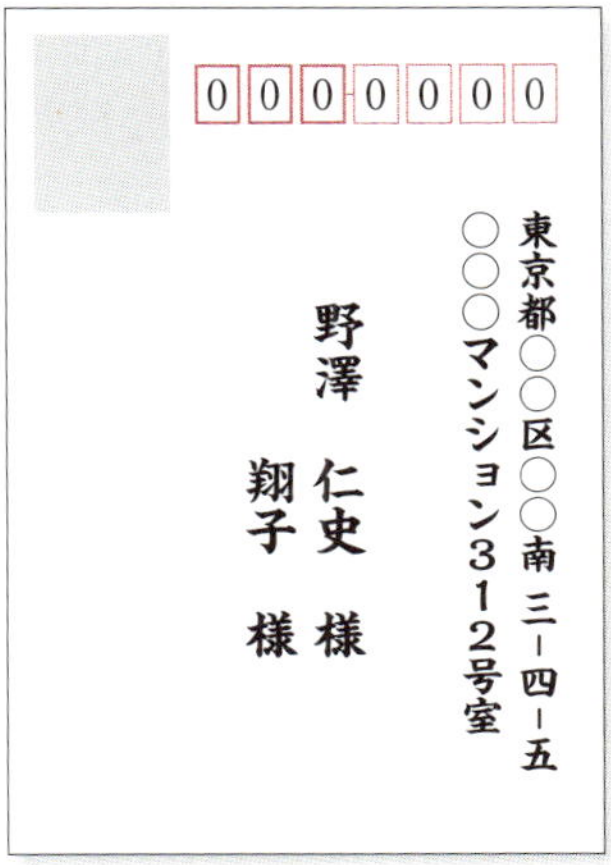

引き出物・ギフトを選ぶ

引き出物では、複数個のものは奇数個にする、包丁などの「切る」ものは避けるといった慣習があります。年配者への引き出物では注意しましょう。

人気の引き出物は食器やキッチン用品

引き出物は、招待客へ出席してくれたことへの感謝の気持ちとして渡すものです。もらった人が喜んでくれるものを選びましょう。

引き出物では、食器類などの実用的で記念として残るようなものと、引き菓子と呼ばれるお菓子を一緒に贈るのが一般的です。

人気の品は、食器類のほか、キッチン用品や、よく使う日用品などです。シンプルなデザインのものが、もらって喜ぶ人も多く、引き出物に向いています。

最近では、招待客が欲しいものを選べるカタログギフトも人気です。軽くてかさばらないうえに、好きなものを選べると招待客に好評です。

地域によっては、引き出物として贈るものが習慣で決まっている場合があります。こういった習慣は、親から子どもに教えてあげましょう。

また引き出物は定番のものを期待する人も多く、あまりにも個性的なものは歓迎されません。子どものひとりよがりにならないように、親が引き出物の内容をチェックしてください。

相手に合わせて引き出物を変える

世代や立場が異なるすべての招待客に満足してもらえる引き出物を考えるのは困難です。引き出物の内容について、親子・両家で揉めることも少なくありません。

そういった背景もあって、招待客によって違う引き出物を用意するケースが増えています。親族向けの引き出物は親が考え、友人向けのものは子どもたちが考えるようにするといいでしょう。ご祝儀の額が大きくなる上司や恩師には、金額に見合ったものを選びましょう。

その際、持ち帰る紙袋の大きさに違いが出ないようにし、また渡し間違えが起こらないように目印をつけるなど気をつけてください。

引き出物は、一世帯につきひとつが基本ですが、夫婦で出席した人たちにはご祝儀をふたり分もらっているので、2種類の引き出物を贈ることもあります。

引き出物のベスト5

❶カタログ式ギフト	68.0%
❷食器類	38.8%
❸キッチン用品・調理器具	7.3%
❹タオル・傘などの生活用品	5.8%
❺インテリア用品・置物	4.6%

引き菓子ベスト5

❶バームクーヘン	32.7%
❷ケーキ類	32.5%
❸クッキー	13.3%
❹その他洋菓子	13.1%
❺プチケーキの詰め合わせ	9.8%

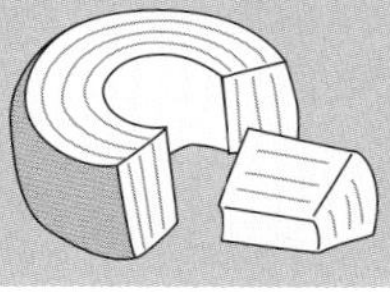

引き出物の購入先

❶利用した会場	51.9%
❷利用した会場が提携しているショップ	34.1%
❸会場と提携していないショップ	23.6%
❹手作りしたもの	3.2%

プチギフト

出席者を見送るときに手渡しするもので、サイズの小さな菓子類や雑貨類を贈ることが多いようです。約9割の披露宴で贈られています。

●プチギフトの費用(ひとりあたり)

❶ 300 〜 400 円未満	33.2%
❷ 200 〜 300 円未満	25.0%
❸ 200 円未満(0円を含む)	19.4%

出典『ゼクシィ結婚トレンド調査 2010 首都圏』

おさいふポイント

●引き出物の費用は?

引き出物は、5000円程度のものを贈る人がもっとも多く、そのうち1000円程度を引き菓子にあてているようです。招待客の人数にもよりますが、一般的な披露宴では、総額30万円程度が平均です。ただ、上司や恩師など、御祝儀の金額が大きい招待客には、それに見合った引き出物を用意するといいでしょう。

おつきあいポイント

●両家で引き出物のしきたりが異なるときは?

地方により、かつおぶしや昆布などの縁起物を引き出物に贈る習慣があります。両家でしきたりが異なるときは、引き出物を贈り分けてもいいでしょう。ほとんどの披露宴で、贈り分けをしており、一般的になっています。種類も3パターンほど用意することが多いようです。

披露宴の料理を決める

招待客の食物アレルギーに対応した料理を提供できる式場もあります。招待状に食物アレルギーの申告ができるよう書くといいでしょう。

披露宴での人気はフランス料理

披露宴の飲食代は、挙式・披露宴にかかる費用の中で大きな割合を占めます。できるだけ費用を抑えたいところですが、日ごろお世話になっている人たちを招いているのですから、度を超した節約は慎みましょう。

食事のスタイルとしては、少しずつ順番に料理が出されるコース料理が人気で、実に9割以上の披露宴で選ばれています。格式ある披露宴にするなら、このコース料理がふさわしいでしょう。一方、カジュアルなスタイルの披露宴では、立食ビュッフェなども取り入れられており、多様化が進んでいます。

料理の種類は、半数近くがフランス料理で、ついで和洋折衷、和食と続いています。

正餐形式の食事だと、招待客が席に座ったままになってしまうので、デザートをビュッフェスタイルにして、招待客が席を立ちやすくするなどの配慮をするといいでしょう。

料理は招待客をよく考えて決める

料理や食事のスタイルは、招待客の年齢層や傾向などをよく考えたうえで決めるようにしましょう。

たとえば、年配者が多いのに、立食だったり、テーブルマナーの難しいフランス料理のコースでは、食事を楽しむことができません。立食でもイスを用意したり、はしを使って食べられる和洋折衷料理に変更するなどの工夫をするように、子どもに気をつけさせましょう。

料理を優先したレストランの披露宴

おいしい料理で招待客をもてなすなら、レストランなどの飲食店で披露宴を行うのもいいでしょう。最近では、レストランでの披露宴は珍しくなく、対応してくれるところも増えています。

ただ、レストランは結婚式場と違って、あまり会場が広くないため、大人数を招待することができません。また、更衣室や控え室といった設備がないところも多いので、招待状でその旨をあらかじめ伝えておきましょう。

料理の特徴

フランス料理

もっとも人気があり、約半数の披露宴で選ばれています。コースで出されるのが一般的で、格式のある雰囲気と華やかな見た目が特徴です。

中華料理

大皿で運ばれてきた料理を各自で取り分けて食べます。特別なテーブルマナーがないので、気負わず、リラックスして食べられます。

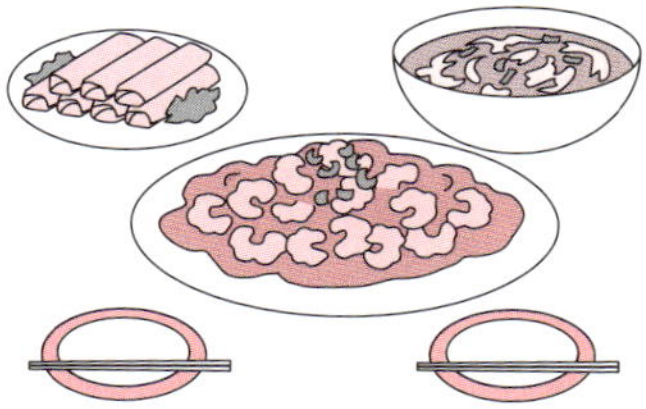

和食

縁起をかついだ伝統的な料理もあり、披露宴のようなおめでたい席に向いています。あっさりしているので、年配者も安心して食べられます。

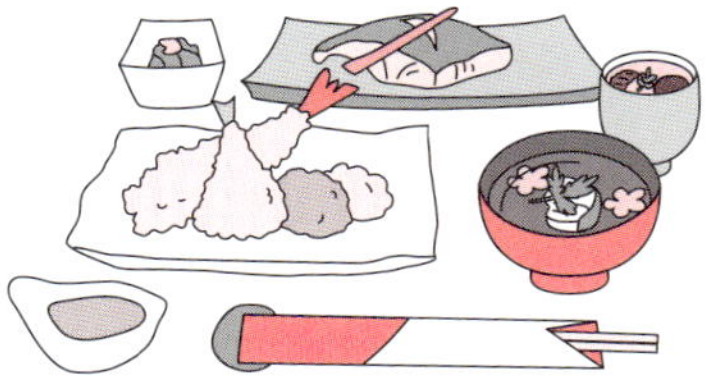

和洋折衷

洋食と和食を織りまぜた料理で、縁起物の料理や肉料理を合わせて出せます。はしで食べられるので、洋食が苦手な年配者でも安心です。

おさいふポイント

料理にかかる費用は？

挙式・披露宴の費用の中でも、料理と飲み物が占める割合はかなり大きなものとなっています。料理にかかる金額は、ひとりあたり１万8000円程度が一般的です。招待客が多いときは、かなり高額になってしまうため、料理の種類を変えたり、スタイルをビュッフェにするなど、よく相談して決めましょう。

その他

イタリア料理は婚礼料理として定着しつつあるほど人気があります。また、レストランでの披露宴なら、その店オリジナルの創作料理も楽しめます。

披露宴の席次を決める

親族の席次は親が担当しましょう。親しい人同士を隣り合わせにする、久しぶりに会う親族同士を近い席にするなど、親らしい配慮を。

席次は親が確認して失礼のないように

披露宴への出欠の返信がそろい、出席者が確定したら、席次を決めます。席次の決まりごとは、慣習的なことも多いので、子どもまかせにせず、親も関わりましょう。

挙式は、血縁が近い順に上席になりますが、披露宴では逆で、両親、親族は下席につきます。

披露宴では、新郎新婦に近いテーブルが上席になります。上席から、主賓、上司や恩師、先輩、同僚、友人、親族、家族という順で席次を決めます。会社関係者の席次で迷うことがあれば、上司に相談するように子どもにアドバイスします。

また、新郎側と新婦側で別々に席次を決めないように、一緒に打ち合わせをしながら考えましょう。失礼がないように、最終的に親が確認して決定します。

招待客が楽しめる席次を考える

席次の順位も大切ですが、知人同士を同じテーブルにして会話がはずむようにしたり、初対面でも年齢や立場が近い人を同じテーブルにして話しやすくしたりといった配慮も必要です。子ども連れの人は本人の了解を得たうえで、入口付近のテーブルにして、席を外しやすいようにすることも大切です。

ちなみに最近では、主賓と両親の席が上席と下席できちんと押さえてあれば、あとは比較的自由に決めていいという風潮もあります。招待客が披露宴を楽しめるように、肩書きに偏りすぎない席次を考えましょう。

席次表の肩書きは招待客の紹介になる

席次表は、招待客に席の場所を伝えるだけでなく、のっている名前や肩書きから、ほかの招待客に対して、どのような人なのかを紹介する役割があります。

主賓の肩書きは、会社名を略さず、部署名や役職を入れるなど、正確に表記します。

友人につける肩書きは、工夫したものにするのもよいでしょう。初対面同士でも、会話の糸口になるような、アイディアを考えましょう。

●丸テーブルの席次

番号の若い順に上席になります。

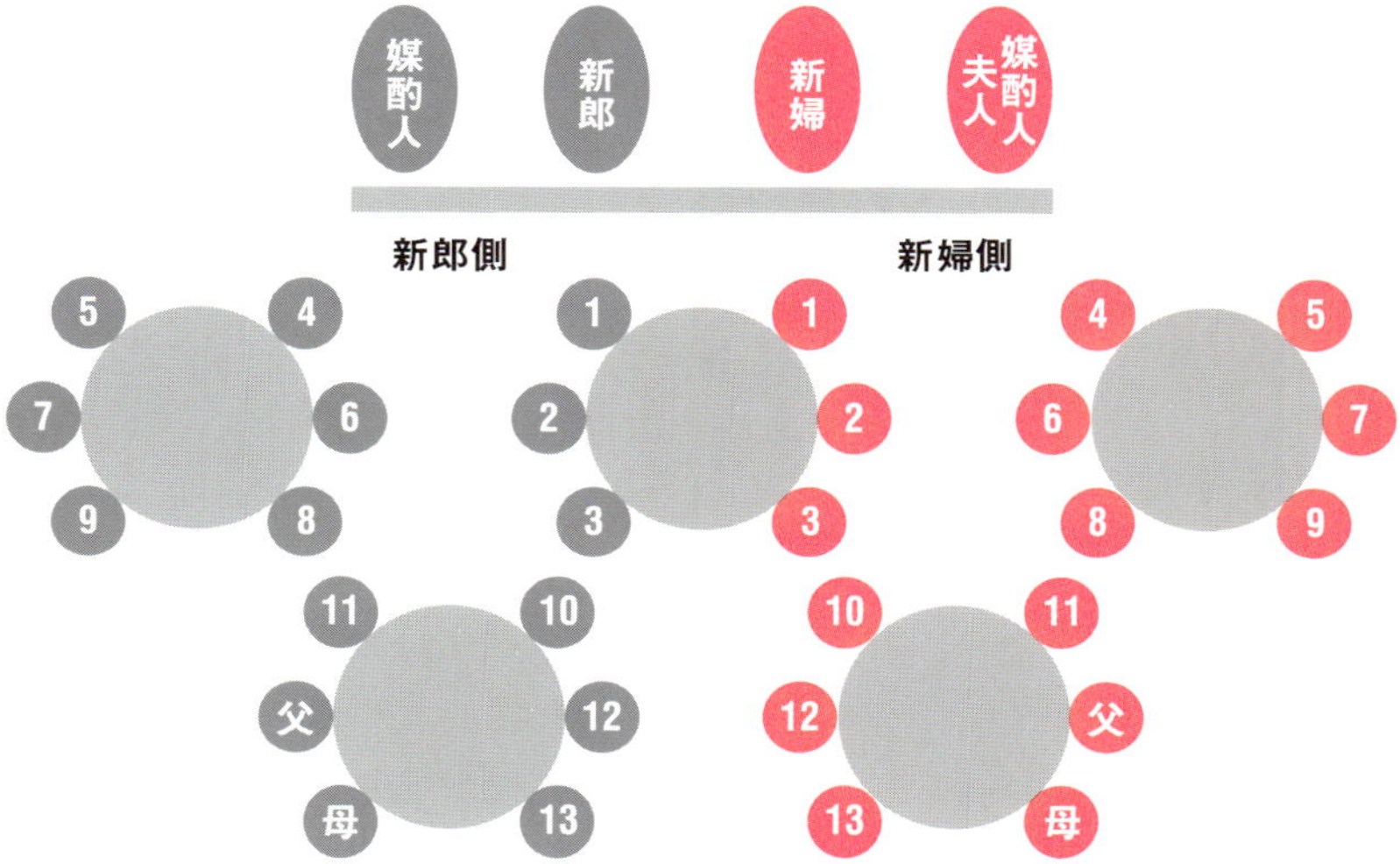

●長テーブルの席次

番号の若い順に上席になります。

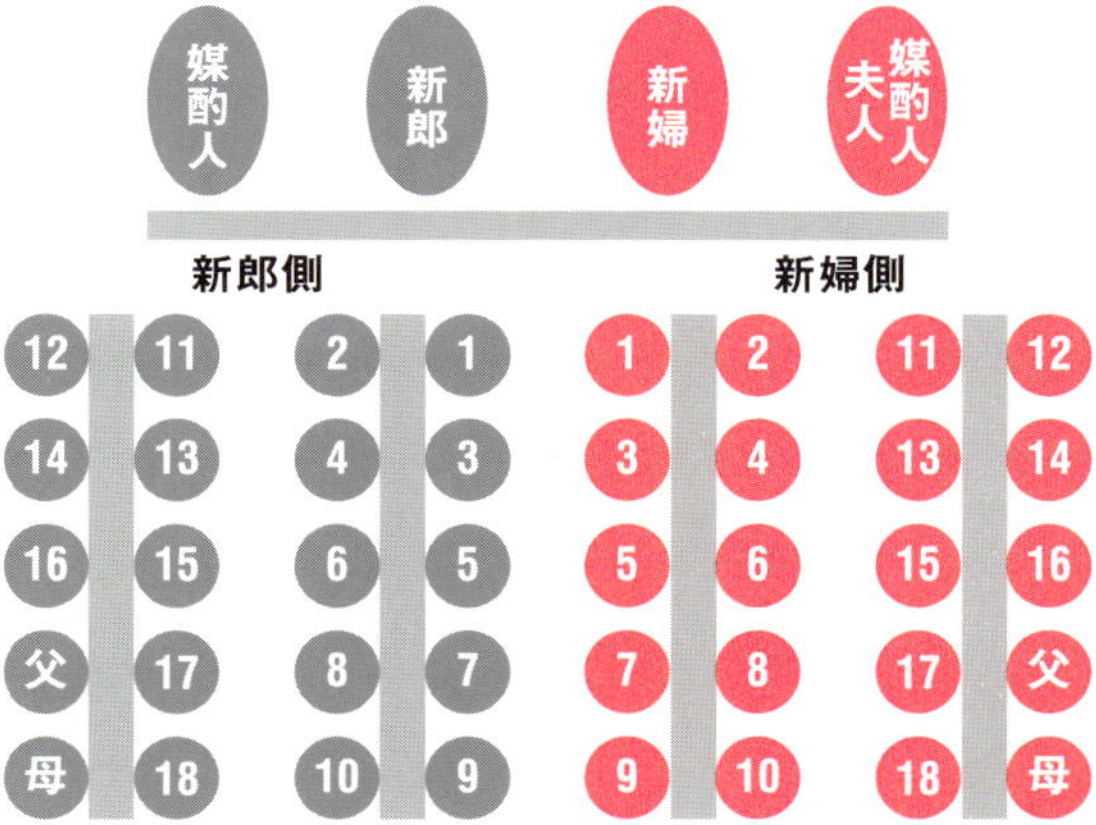

おつきあいポイント

●仲の悪い親族同士の席はどうする?

仲が悪くても、披露宴のような場でケンカなどしないはず、という思い込みはよくありません。お酒が入ってしまうと、トラブルが起こりがちです。丸テーブルなら別のテーブルへ、長テーブルでも会話をしない程度に席を離しましょう。こういった配慮をするためにも、席次は親が必ず確認してください。

親の謝辞原稿をつくる

親にとってはいい話でも、新郎新婦にとって触れてほしくない話題もあります。あらかじめ謝辞の原稿を子どもたちに確認してもらいましょう。

新郎の父親以外が謝辞を述べてもよい

披露宴の最後は、招待客へ向けたお礼の言葉である謝辞で締めくくります。謝辞は、本来、新郎の父親が担当するものでしたが、最近では新婦の父親があとに続けて謝辞を述べることがあります。また、新郎が父親に代わって謝辞を述べたり、父親に続いて謝辞を述べたりすることも多く、比較的自由に演出できるようになっています。

謝辞は披露宴のクライマックスで述べるため、招待客からの注目が高く、スピーチの仕方によっては、式の印象を大きく左右しかねません。

謝辞をどのように演出するか子どもたちと話し合って、謝辞の担当や順番を決めておきましょう（謝辞の流れについては、146ページ参照）。

謝辞に盛り込む7つの要素

謝辞の内容は、会場に足を運んでくれた招待客や媒酌人へ感謝し、新郎新婦の今後をお願いするのが基本です。次の要素は、必ず盛り込むようにします。

①自己紹介・招待客や媒酌人へのお礼　③祝辞のお礼　④新郎新婦へ贈る言葉　⑤新郎新婦を盛り立ててくれるようにとのお願い　⑥披露宴の不備のお詫び　⑦結びの言葉

余裕があれば、新郎新婦のエピソードなどを織り交ぜ、印象的なスピーチになるよう工夫してみましょう。

時間は1〜2分程度、簡潔で印象的に

言いたいことがたくさんあるかもしれませんが、あまりにも長い謝辞では、伝えたい部分が長いスピーチに紛れてわかりにくくなってしまいます。簡潔で心に残る謝辞になるよう、推敲しましょう。だいたい1〜2分以内がちょうどいい長さです。文字数にして400〜600字程度が目安になります。

まずは原稿を作成し、実際に声に出して、どれくらい時間が必要か計ってみます。長すぎたり、話しにくかったりするようなら、その都度、言葉を言い換えるなど修正して、原稿を練り直します。

◉謝辞を述べるときは必ず練習を

大勢の人を前にして話そうとすると誰でも緊張してしまうものです。
失敗しないように、次のことを参考にして事前に練習をしましょう。

第一声をはっきりと出す
最初に大きくはっきりと声を出すと、次に続く言葉が出しやすくなります。

ときおり間を置いて落ち着く
一気に話そうとはせずに、ときどき間を置いて落ち着きながら話しましょう。

無理に暗記しない
内容を思い出せないときは、原稿を見て話しても失礼にはなりません。

◉謝辞にはふさわしくない話題

謝辞に新郎新婦のエピソードなどを盛り込みたいとき、披露宴のようなおめでたい場にふさわしくない話題があります。新郎新婦の印象を悪くしかねないので、次のような話題は避けましょう。

- 相手家族の批判
- 他人の悪口
- 自分や家族、親族の自慢話
- 政治や宗教
- 不幸な出来事の話題
- ギャンブルの話題
- 著名人や親族の離婚、不仲
- 病気の話題
- 犯罪や事件、事故の話題

◉忌み言葉や重ね言葉を避ける

忌み言葉や重ね言葉は、披露宴のような晴れの舞台では縁起が悪いとされ、使用を避けたり、別の言葉に言い換えます。最近では、あまり気にされないようですが、可能な限り避けましょう。

忌み言葉（縁起が悪い言葉）

切れる	別れる	飽きる	死ぬ
重ねる	割れる	病む	壊れる
折れる	終わり	最後	倒れる
離れる	散る	苦しい	四　九

重ね言葉（繰り返す言葉）

重ね重ね	たびたび	またまた
ますます	いろいろ	くれぐれも
なかなか	近々	かえすがえす
だんだん	そろそろ	とうとう

◉忌み言葉、重ね言葉の言い換え例

（ケーキを）切る	ナイフを入れる	離れる	距離を置く
帰る	失礼する	近々	近いうちに
終わり、終了	お開き	花が散る	花が舞う
最後の言葉	結びの言葉	ますます	一段と
四（し）、九（く）	よん、きゅう	なかなか〜しない	いっこうに〜しない

新郎の父親［媒酌人がいる場合］

❶ただいまご紹介にあずかりました、新郎の父、川野宗司です。❷本日は残暑の日差しが厳しいなか、新郎と新婦のために、大勢の方にお集まりいただき、誠にありがとうございます。

本日、浩太、貴美子さんの両名は、神前にて挙式をとり行い、正式に夫婦となることができました。これも、これまでふたりを見守ってきてくださった、皆様のおかげと、親族一同深く感謝いたします。

また、❸ご媒酌の役を引き受けてくださった沢田和彦様ご夫妻には、結納、挙式、披露宴と大変お世話になりました。心より御礼を申し上げます。

❹株式会社トーテック代表の織部大輔様をはじめ、ご同僚、ご友人の方より、たくさんのお祝いの言葉をいただきました。ふたりがこんなにも大勢の方に支えられていることに驚くと同時に、大変うれしく思っております。本当にありがとうございます。

❺まだ半人前で、スタートに立ったばかりのふたりですから、これからも多くの人の助けを必要とすることでしょう。そのときは、なにとぞお力添えをいただきたく存じます。

❻本日は、不慣れな宴席で、いたらぬところもあったかと思いますが、なにとぞご容赦くださいますようお願い申し上げます。

❼皆様のいっそうのご発展とご健康をお祈り申し上げまして、御礼の言葉とさせていただきます。本日は、誠にありがとうございました

ここがポイント！

標準的な例文です。これを基本形にして、個々の事情に合わせた謝辞をつくるとよいでしょう。

❶自己紹介で、自分と新郎新婦との関係を明らかにします。

❷招待客へのお礼です。

❸媒酌人を立てている場合は、名前を挙げてお礼を述べます。

❹祝辞に対するお礼。祝辞をくれた人のなかから代表となる人の名前を挙げます。主賓の名前を挙げるのが一般的。

❺新郎新婦への今後の支援をお願いします。

❻披露宴のいたらない点をお詫びします。

❼結びの言葉として、あらためて招待客へお礼を述べます。

新郎の父親

媒酌人がいない場合

先ほど、ご紹介にあずかりました、新郎の父、杉山拓真です。

❶本日は、あいにくの雨となり、お足元の悪いなか、多くの方にご出席いただき、誠にありがとうございます。杉山家、日高家を代表いたしまして、私からごあいさつをさせていただきます。

本日、雅之、美香子さんの両名は、チャペルで挙式をとり行い、晴れて夫婦となりました。これも皆様のお力添えあってのことと、深く感謝いたします。

深川電工株式会社の代表、船橋弘樹様をはじめ、ご列席の方よりお祝いのお言葉と温かい励ましのお言葉をいただきました。これからともに歩むふたりの、心の糧として、指針として役立つことでしょう。心より御礼を申し上げます。

❷雅之は子どものころより粘り強く、6年間も陸上部を続け、高校生のときに長距離走の選手として県大会にも出場いたしました。この粘り強さが、これからのふたりの生活を支える力となってくれたらと、願っております。

とはいえ、まだ若く世間知らずのふたりです。力の足りないときもあるでしょう。そのようなときは、皆様よりご支援、ご指導をいただきたく、お願い申し上げます。

本日は、いたらぬところもあり、大変申し訳ありませんでした。しかし、皆様のおかげで、このように立派な披露宴を催すことができたことに、感謝いたします。皆様の末永いご健康とご多幸を心よりお祈りいたします。本日はありがとうございました。

ここがポイント！

媒酌人を立てない場合の、標準的な謝辞です。媒酌人を立てなかった理由を述べる必要はありません。

❶天気の悪い日などは、そのことに触れて、来場してくれたことに強い感謝の意を示します。天気のいい日なら「本日は、ふたりの門出を祝福するかのような天候にめぐまれ……」などと言い換えましょう。

❷父親だからこそ言える、新郎の性格やエピソードなどを盛り込むことで、形式的なあいさつにならないよう工夫します。

新郎の父親

息子夫婦と同居する場合

本日はお忙しいなか、新郎新婦のために足をお運びいただき、誠にありがとうございます。私、新郎の父、早川俊樹が両家を代表して、ごあいさつをさせていただきます。

本日、神前にて挙式をとり行い、芳紀と美香さんは正式に夫婦としてスタートすることになりました。❶芳紀と美香さんは、これからの新しい生活を、私たちとともにすることに、快く了解してくれました。

これから夫婦ふたりだけの心細い生活になるかと思っておりましたので、❷このたびの同居は、とてもうれしく思っております。いわゆる二世帯住宅ですから、生活は別になりますが、同じ屋根の下に住んでくれることをとても心強く思います。

ふたりには明るい家庭を築いてもらい、たくさんのお友達が訪ねてくれるような、楽しい生活を送ってもらえたらと願っております。❸皆様もぜひ、遊びにきてください。

未熟なふたりですのでこれからも変わらぬ、皆様のご指導、ご支援をいただけたらと思います。

本日は、いたらないところがありましたことをお詫び申し上げます。また、皆様にふたりの門出となる披露宴を盛り上げていただいたことに深く感謝いたします。

ご列席いただきました皆様のご健康と今後のさらなる発展を願い、結びのあいさつとさせていただきます。本日は誠にありがとうございました。

ここがポイント！

招待客へ披露宴出席のお礼を述べつつ、新郎新婦と同居することになったことを伝えます。新郎新婦の友人たちが訪ねにくいと感じさせないように表現を気をつけましょう。

❶新郎新婦と同居することを報告します。

❷同居をよろこんでいることをわかりやすく伝えます。また、どのような同居形態なのかも紹介します。

❸同居していても友人たちが訪ねてきやすいように、ひと言添えておきましょう。

新郎の父親

おめでた婚の場合

新郎の父、木村雅彦でございます。

本日はお忙しいところ、義隆と加奈子さんの結婚披露宴にご出席いただき、ありがとうございます。

ご列席の皆様には、お祝いのお言葉や励ましのお言葉をたくさんいただきました。これからのふたりが歩んでいく人生の支えになってくれると思います。本当にありがとうございました。

❶先ほど、主賓の篠原俊太郎様よりご報告がありましたように、加奈子さんのおなかには新しい命が宿っております。来春には出産の予定となっておりまして、結婚に孫の誕生とふたつのおめでたい出来事に、両家ともによろこびに満ちております。

❷私にとっては初孫ですので、早く孫の顔を見たいと出産を心待ちにしている次第でございます。

❸まだ子どもと思っていた義隆も、妊娠を知るとやる気になって、父親の自覚が芽生えてきているように見えます。このまま、頼もしい父親へと成長してもらえたらと、願ってやみません。

まだいたらないところのあるふたりですが、一層のご指導、ご支援をお願いいたします。

❹ここには子育ての先輩となる方がたくさんいらっしゃいますので、ぜひふたりへアドバイスをしていただけたらと思います。

本日はありがとうございました。

皆様のご健康とご多幸を祈り、ごあいさつの結びとさせていただきます。

ここがポイント！

おめでた婚は、あまり快く思わない人もいます。妊娠をよろこび、孫の誕生を心待ちにしていることを述べて、よい出来事に恵まれたという雰囲気を伝えましょう。

❶妊娠が周知のことであれば「皆様もご存じのように……」などと言い換えます。

❷嬉しい出来事と思っていることが伝わるよう表現します。

❸妊娠による新郎の変化などを盛り込むことで、よい出来事であることを強調します。新郎が言った決意の言葉などでもいいでしょう。

❹妊娠の話題にからめて、新郎新婦の今後の支援などをお願いするのもいいでしょう。

新郎の父親

結婚披露パーティの場合

新郎の父、塩沢洋一でございます。塩沢家、川端家の両家を代表して、ひと言あいさつをさせていただきます。

①本日は、お忙しいなか、遠くからも足をお運びいただき、ありがとうございます。また、大勢の列席者の方より、たくさんのお祝いの言葉や励ましの言葉をいただくことができましたことを厚く御礼申し上げます。

本日、教会で知樹と初美さんは挙式をとり行い、夫婦として歩んでいくことになりました。

②ふたりたっての希望で、結婚の披露をこのような会場で行うことになりました。最初、ゲストハウスでガーデンパーティをすると聞いたときは、そのような披露宴に出席したことがなかったものですから、とても心配しておりました。

③実際に足を運んでみると、5月の暖かい戸外でのパーティはとても気持ちがいいものですね。皆様のくつろいだお顔を拝見すると、とてもいいパーティだったと感じることができます。

まだ若く、未熟なふたりですので、皆様の助けを必要とするときがあるかもしれません。そのようなときは、ぜひ手を差し伸べていただけたらと願っております。

本日ご列席いただきました皆様のご健康とご多幸をお祈りいたしまして、御礼のあいさつとさせていただきます。

本当にありがとうございました。

ここがポイント！

カジュアルな形式のパーティでは、あまり固いあいさつにならないように気をつけましょう。ただし、年配の親族へも配慮して、くだけすぎた表現にならないようにしましょう。

①カジュアルな披露宴でも、列席者へのあいさつは、親族もいるので丁寧にまとめるようにしましょう。

②ハウスウエディングになじみのない年配者に配慮して、若いふたりの希望で選ばれた会場であることを強調します。

③実際に会場へきた感想です。自分たちも楽しむことができたと評価します。

新郎の父親

短時間で終わらせたい場合

ご紹介いただきました、新郎の父、渡辺順でございます。

❶本日はお忙しいなか、琢郎と志保さんの結婚披露宴に足をお運びいただき、誠にありがとうございます。

株式会社システム太陽の代表、荒巻祐太朗様をはじめ、多くの方よりお祝いの言葉をいただくことができました。心より御礼を申し上げます。

まだいたらぬところのあるふたりですので、いっそうのご指導とご支援をお願いいたします。

ご列席いただきました皆様のご健康とご多幸をお祈りいたします。

❷簡単ではございますが、御礼のあいさつとさせていただきます。

本日はありがとうございました。

ここがポイント！

時間がないときなど、早く終わらせたい場合の謝辞です。短いながらも、お礼の要素は減らさずにまとめます。すでに短くなっているので、焦って早口にならないように気をつけましょう。

❶列席者へのお礼は短くしても、必ず述べるようにします。

❷謝辞を短くまとめたことについて、ひと言断りの言葉を入れます。

新郎の母親

新郎の父親が故人の場合

松本、加賀の両家を代表いたしまして、ごあいさつをさせていただきます、新郎の母、松本玲子でございます。❶新郎の父親が他界しておりますので、僭越ながら私が代わってあいさつをする次第です。

本日は、お忙しいなか、恵一と亮子さんのために足をお運びいただき、誠にありがとうございます。

❷主賓の二宮茂様をはじめ、多くの人たちからお祝いの言葉や励ましの言葉をいただくことができ、大変感謝しております。

恵一の父、健夫は、いまから5年ほど前に他界しまして、以来母と子のふたりで暮らしております。夫は生前より、恵一のお嫁さんを気にしておりましたので、いまこの場にいないことをとても残念に思っております。

❸亮子さんは明るく楽しい方で、にぎやかなことが好きだった主人は、よろこんで迎えてくれただろうと思います。本日の式の様子を早く主人に報告し、恵一にかわいらしいお嫁さんがきてくれたことを、よろこび合いたいと思っております。

まだ若い、未熟者のふたりですが、皆様には今後も変わらぬご指導、ご鞭撻をいただければと思います。

本日は、なれない宴席でいたらぬところがあったことをお詫びいたします。ありがとうございました。

ここがポイント！

新郎の父親に代わって両家を代表して謝辞を担当しますが、母親目線でのスピーチが感動を呼びます。また、招待客に対しては、亡き夫の分も感謝の意を伝えます。

❶新郎の父親がすでに亡くなっていることを伝え、母親が謝辞を述べる理由を明らかにします。

❷両家代表としてあいさつをするときは、新郎の父親がすべきお礼をすべて伝えます。

❸故人の分も結婚のよろこびを伝えます。

新婦の父親

新郎の父親が故人の場合

先ほどご紹介にあずかりました、新婦の父、明石俊之でございます。❶新郎の父上である良勝さんが故人となっておりますので、僭越ながら私が宮島、明石の両家を代表して、ごあいさつをさせていただきます。

本日はお忙しいなか、和也君と歩美の披露宴に足をお運びいただき、誠にありがとうございます。

❷主賓の丹波中央大学教授の黒部雅文先生をはじめ、多くの方より、お祝いの言葉をいただきました。心より御礼申し上げます。

晴天に恵まれた、このような気持ちのいい日に、若いふたりが夫婦としてスタートできることを、とてもよろこばしく思っております。それだけに、ここに新郎の父上がいないことを残念に思います。

❸良勝さんは、和也君の成長をとても気にかけていたそうですから、本日の彼の立派な姿を見たら、とても満足されたのではないでしょうか。私も、和也君のような芯のある、頼もしい人が歩美を選んでくれたことを、とても誇らしく思っています。このような立派な青年に育ててくれた良勝さんに、感謝いたします。

まだ若いふたりですが、明るい幸せな家庭を築いてくれると信じておりますし、良勝さんもそれを望んでおられると思います。そのために、皆様には、これからも変わらぬご指導、ご支援をいただきたくお願い申し上げます。

皆様のいっそうの発展とご健康をお祈りいたしまして、御礼の言葉とさせていただきます。本日は、誠にありがとうございました。

ここがポイント！

新郎の父親が故人で、新婦の父親が謝辞を述べるときは、新郎の父親の謝辞と同じように、招待客、祝辞を述べた人などにお礼を言います。立派に成長した新郎の晴れ姿を故人へも伝えるような感じで話します。

❶事情があって、新婦の父親が謝辞を述べることを簡単に伝えます。特に亡くなった原因などを言う必要はありません。

❷新郎の父親の代わりなので、お礼を述べるべき人全員にお礼を言います。

❸故人のエピソードを織り交ぜ、結婚のよろこびを共有するように話します。

新婦の父親

［新郎を婿養子に迎える場合］

ただいまご紹介にあずかりました、新婦の父、桑原弘でございます。横尾家、桑原家の両家を代表して、ごあいさつをさせていていただきます。

本日は、雪でお足元の悪いなか、新郎新婦のためにお集まりいただき、誠にありがとうございます。先ほど、真二郎君、美和子の両名は、神前にて挙式をとり行い、夫婦となりましたことを、ご報告させていただきます。これも、これまでふたりを支えてくださった、皆様のおかげです。ありがとうございます。

❶主賓の下島秀和様をはじめ、皆様には心のこもった温かいお言葉をふたりにお贈りいただき、深く感謝いたしております。

私は、四代続く小さな料亭を営んでおります。しかしうちには、娘しかおらず、このままでは私の代で店を閉じることになるかと思っておりました。そこで、美和子との結婚が決まったとき、❷真二郎君に婿養子に入っていただきたくお願いしたところ、快く引き受けていただけました。❸横尾家の皆様からもご快諾いただくことができ、私の店を継いでいただけることになりました。

❹真二郎君はまだ若いですが、料理の腕もセンスもあり、将来を期待しております。私は小さな店を守るので精一杯でしたが、真二郎君ならばもっと大きな店に育ててくれるのではと期待しております。

今後も変わらず、若いふたりをご指導、ご支援いただきたく、お願い申し上げます。本日は誠にありがとうございました。

ここがポイント！

新郎が婿養子に入る場合は、新婦の父親が代表して謝辞を述べます。招待客へのお礼はもちろん、新郎の親族へ配慮し、感謝の意が伝わるようにします。

❶両家を代表しているので、通常新郎の父親がするお礼も述べます。

❷新郎を婿養子として迎えることの報告をします。すでに祝辞などで話されていても、あらためて詳しく説明します。

❸新郎の家から了解を得ていることを念のため話します。

❹婿養子に入る新郎の評価と期待について話します。新郎の親族に配慮して、新郎を高く評価していること、歓迎していることを伝えます。

新婦の父親

新郎の父親に続く場合

新郎の父上に引き続き、ごあいさつをさせていただきます。新婦の父、羽田拓朗でございます。

まだ若輩者の珠美に、たくさんの温かいお言葉をお贈りくださり、誠にありがとうございます。これまで育ててきました私も、安心して珠美を嫁に出すことができます。

❶小さなころは、近所の男の子をたたいて泣かせるような、おてんばな女の子だったものですから、本日のような、花嫁を送り出す日が来るとは夢にも思っていませんでした。

結婚が決まってからは、今まで見向きもしなかった料理を妻の和子に習い、孝弘君の妻にふさわしい女性になれるように努力をしていたようです。もし、うまくできなくても、妻譲りの愛嬌で、うまく乗り越えてくれると信じております。

❷孝弘君は、はじめて会ったときの第一印象がとてもよく、珠美にだまされているのではと心配になったほどの好青年でした。孝弘君になら、安心して珠美を任せられると思っております。

孝弘君には、珠美を大事にしていただき、また珠美も孝弘君をしっかりと支えてほしいと思います。

❸孝弘君、菅野家の皆様、珠美をよろしくお願いいたします。

本日は、若いふたりのためにお集まりくださり、誠にありがとうございました。

ここがポイント！

新郎の父親から続けて、新婦の父親が謝辞を述べるときは、内容が重複しないように気をつけましょう。招待客からは花嫁を送る父親としての言葉を期待されています。

❶父親が知っている、新婦の子どものころのエピソードやふだんの行動など、新婦の人となりがわかる話を盛り込むと、人間味のあるスピーチになります。

❷新郎の印象や期待していることについて話します。

❸花嫁を送る父親として、締めとなる言葉です。少し感情を込めてもいいでしょう。

新婦の母親

新婦の父親が故人の場合

（新郎の父親に続く場合）

ただいまご紹介にあずかりました、新婦の母、垣沢栄子でございます。新郎のお父上に続きまして、ごあいさつさせていただきます。❶本来であれば、夫がごあいさつするところですが、一昨年に他界しましたので、代わって私が皆様にひと言御礼を申し上げさせていただきます。

❷本日は、大勢の皆様にご列席いただき、誠にありがとうございます。

一昨年に夫の隆史を亡くして以来、久しぶりの明るい出来事が、娘の清美の結婚でした。それも、篤志さんのようなすてきな方が結婚してくださるのは、本当に夢のようで、家族一同とてもよろこんでおります。

❸篤志さんは、いつもはきはきとした快活なスポーツマンで、お話ししているだけで気分が明るくなります。はじめてお会いしたときは、清美が相手で本当にいいのだろうかと思ったほどです。夫を亡くして以来、気分の沈んでいた清美が元気を取り戻すことができたのも、篤志さんのおかげと思っております。

❹あまり料理がじょうずではなかった清美も、篤志さんにふさわしい女性になるためか一生懸命に勉強して、いまではどこに出しても恥ずかしくない立派な花嫁になれたと思っております。❺夫の隆史も、これで安心できるのではないでしょうか。

まだいたらないところがありますが、皆様よりご指導、ご支援いただきたく存じます。本当にありがとうございました。

ここがポイント！

母親の目線で、新郎や新婦の印象を語ることで、新郎の父親の謝辞との違いを出すことができます。

故人をしのびつつ、結婚のよろこびを伝えましょう。

❶新婦の母親が謝辞をすることになった事情を説明します。

❷招待客へのお礼やあいさつは、すでに新郎の父親がしているので、簡潔にすませましょう。

❸新郎についての印象を話しましょう。

❹母親から新婦にまつわるエピソードを話し、結婚をよろこんでいることを示します。

❺最後に新婦の父親もよろこんでいるはず、と新郎を歓迎する意志を表します。

新郎新婦の両親

両家の両親が述べる場合

新郎父親 新郎の父、横山和人でございます。これより、新郎新婦両親から、御礼のごあいさつをさせていただきます。暑い日差しのなか、新郎新婦のためにお集まりいただき、誠にありがとうございます。

本日、神前において挙式をとり行い、大輝と由佳里さんが正式に夫婦となったことをご報告させていただきます。これもひとえに、❶皆様の支えがあってのことと思います。厚く御礼を申し上げます。

媒酌人を務めてくださいました、田代清太郎ご夫妻には、挙式、披露宴と大変お世話になりました。心から感謝いたします。

新婦父親 新婦の父、柴田正吾でございます。遠くからも披露宴にご列席いただき、誠にありがとうございます。

ふたりのために、多くのお祝いのお言葉をいただき、感無量でございます。❷まだいたらぬところのあるふたりですが、これまでと変わらぬご指導、ご支援をいただきたく存じます。本日はありがとうございました。

新郎母親 新郎の母、富美江でございます。❸大輝は、そそっかしいところがあって、よく転んで泣いているような子でしたが、皆様のご支援のおかげで、由佳里さんのような、とても立派な方を伴侶とすることができました。本当にありがとうございます。

新婦母親 新婦の母、秋子でございます。本日は、こんなに大勢の人たちからお祝いのお言葉をいただき、誠にありがとうございます。

❹なれない宴の席で、なにかといたらないところがあったことを、おわび申し上げます。本日は本当にありがとうございました。

ここがポイント！

両家の両親がそれぞれ謝辞を述べるときは、なるべく内容が重ならないように気をつけましょう。また、長くならないように、短くまとめて次の人に謝辞の順番を回します。

❶招待客全員、媒酌人へのお礼は、代表である新郎の父親がまとめて述べましょう。

❷新郎新婦の今後の支援のお願いなど、担当を分けてもいいでしょう。

❸新郎新婦にまつわるエピソードは母親たちで担当するといいでしょう。

❹最後に謝辞を述べる新婦の母親が締めとなるお礼を言います。

新郎の祖父母

［祖父母が述べる場合］

ただいま、ご紹介にあずかりました、新郎の祖父、真田長治でございます。

❶新郎の洋輔たっての希望で、御礼を申し上げることとなりました。本日は、遠方まで足をお運びいただき、誠にありがとうございます。また、お祝いのお言葉もたくさんいただき、心より御礼を申し上げます。

❷洋輔は、両親の仕事が忙しい時期に、我が家で預かっていたことがあり、かわいさもひとしおでございます。それでも甘やかさずに、厳しくしつけていたこともあり、礼儀正しい男に育ってくれました。

❸あんなに小さかった洋輔が、お嫁さんをもらうことになるとは、時間の流れの早さに驚くばかりです。長生きできたことを、日々、感謝しております。

また、お嫁さんに来てくださった真琴さんも大変すてきな女性で、かわいい孫がひとり増えたような心地です。

洋輔にはどこへ出しても恥ずかしくない、一人前の男になったと思っております。これからも、皆様よりご指導、ご支援をいただきたくお願い申し上げます。

本日はありがとうございました。

ここがポイント！

祖父母が謝辞を述べることもあります。父親に代わって述べるときもあれば、父親の後に続いて述べることもあります。父親に代わり述べる場合は、短くその理由を添えましょう。祖父母らしい、孫の結婚をよろこぶスピーチにしましょう。

❶謝辞を行う理由があれば、先に述べます。新郎が両親と不仲なのでは、と邪推されることがないように気をつけます。

❷新郎の子どものころの様子や、新郎と祖父母の交流を物語るエピソードがあれば披露しましょう。

❸祖父母の視点から、結婚を祝う言葉を盛り込みましょう。

新郎のきょうだい

きょうだいが述べる場合

ご紹介にあずかりました、新郎の兄の西野孝明でございます。❶新郎新婦から、ぜひひと言ほしいとの言葉がありましたので、私からも御礼を申し上げさせていただきます。

この度は、新郎新婦の披露宴に遠方より足をお運びいただき、誠にありがとうございます。こんなにも大勢の人が集まってくださったことに感激しております。

❷新郎新婦の智也とまどかさんからは、今回の結婚について、よく相談を受けておりました。お互いに理想としている結婚式があったようで、うまく折り合いがつけられなくて困っていたようです。夜遅くまで、三人で相談することもありました。まどかさんはとても思慮深く、それでいて決断力に優れている方だと感じました。智也をリードする様子を見て、いい夫婦になりそうだと思いました。

時間をかけただけのことはあり、ふたりらしさの感じられる、とてもいい結婚式になったと思います。フラワーシャワーを浴びる姿は、これから新生活を歩んでいくふたりにふさわしい美しさでした。

兄から見ても、智也はとてもよくできた弟で、野球やテニスなど、スポーツ全般が得意で、勉強も高校ではトップクラスでした。私の自慢の弟です。まどかさんを絶対に幸せにできると太鼓判を押します。

まだ夫婦としては未熟なふたりですから、ぜひ皆様からご支援をいただきたくお願い申し上げます。本当にありがとうございました。

ここがポイント！

きょうだいが謝辞を述べる場合は、そのときの状況に合わせて、理由を必ず添えましょう。また、これまで新郎に一番近いところにいたのですから、ひととなりを思わせるエピソードを話すといいでしょう。

❶きょうだいが謝辞を担当した理由を先に述べましょう。

❷新郎新婦と関わりがあったエピソードがあれば、盛り込みましょう。最終的にふたりを祝福する話の流れにします。

新生活のプランと新居選び

親と同居していた子どもには、はじめての住まい探しになります。スムーズに探せるように親の経験を話してあげると参考になるでしょう。

プランを立てて新居選びを

新居を決めるためには、まず今後のライフプランを立てることが必要です。たとえば、結婚後に比較的早く子どもが欲しい場合は、そのまま子育てできる新居を探したほうがいいでしょう。そうなると、子ども不可の賃貸物件は除外しなくてはなりません。また、保育園が近いなど子育てしやすい環境かどうかも確認すべきポイントです。

本人たちが現在の仕事に継続して就く場合は、それぞれが通勤のしやすい地域を選ぶべきでしょう。

ライフプランによって選ぶ住居はまったく異なります。具体的にプランを立てて、本人たちにとって最適な新居を見つけましょう。

親との同居ははじめに確認を

新居を探すにあたって、まず確認することは、親との同居、別居についてです。自分たちとの同居であれ、相手の親との同居であれ、本人たちの意志を確認しておきます。当面は別居でも、子どもが生まれたら同居など、将来のことも含めて話し合いましょう。

同居する場合は、生活のスタイルや居住空間についても話し合う必要があります。食事や洗濯も一緒にするのか、親と本人たちとで分けるのかなどの生活スタイルについてや、キッチンなどの生活スペースを共有するか、それぞれに専用の生活スペースを用意するのかといった居住空間についてなど、話し合うことはたくさんあります。お金も時間もかかることなので、じっくりと話し合いましょう。

家賃や通勤時間も重要なポイント

新居選びでは、収入に見合う家賃や、通勤時間の長さも重要なポイントです。都市部から離れれば家賃が下がり、広い間取りの住居に住めますが、通勤時間が長くなるために夫婦がすれ違う生活になってしまいます。

ほかにも周囲の環境や居住者の雰囲気なども確認すべきです。新生活を楽しく過ごせるように、相談に乗るなどサポートしてあげましょう。

●新居を選ぶときのチェックポイント

●地域

Check!

- □通勤時間が長すぎない
- □駅から近い
- □スーパーや日用品を買える店がある
- □銀行や郵便局が近くにある
- □病院が近くにある
- □騒音がない
- □治安がいい

●住居

Check!

- □間取りが暮らしやすい
- □プライバシーが守れるつくり
- □充分な収納がある
- □日当たり、風通しがいい
- □駐車場、駐輪場がある
- □地域の相場に合った家賃
- □家賃が子どもの収入に見合っている

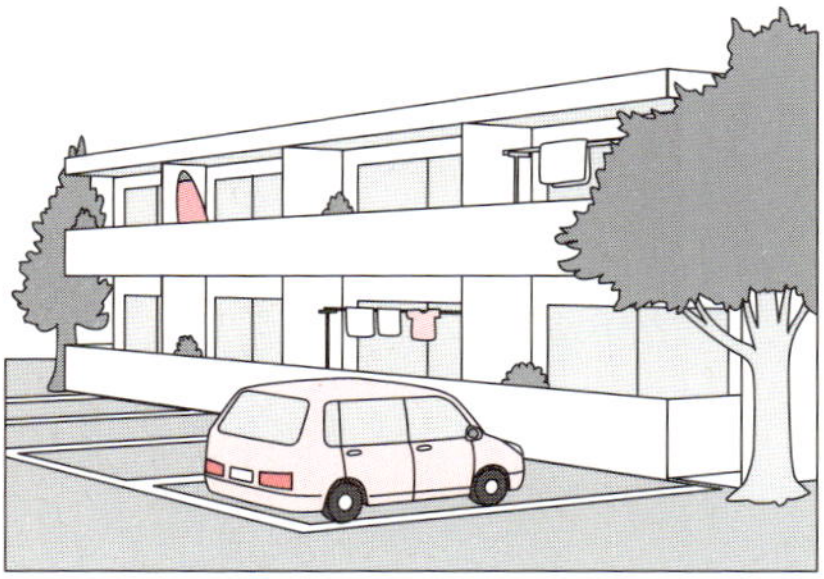

子どもの意見！

●敷金や礼金のサポートをしてほしい

挙式と披露宴で、かなりお金を使っているので、新生活にかかる費用を援助してもらえると嬉しいです。これから自立するとはいえ、すべて自分たちで負担して、貯金がほとんどなくなってしまうのは不安です。新しい家具や電化製品、特に新居を借りるときにかかる敷金と礼金は金額がかなり大きいので、助けてもらいたい、というのが正直なところです。

親のトークワザ

●同居して欲しいとき、相手の親にどう伝える？

できれば親子一緒に相手の両親にあいさつにいきます。相手の親は、同居したとき、自分の子どもが苦労するのではないかと不安に思っているはずです。「子どもたちは共働きですので、家事は私どもでできるだけサポートするつもりです」「住まいは二世帯住宅にリフォームします」など、新生活について具体的に説明すると安心してもらえます。

新生活の準備をする

挙式間近だと、子どもが新居に出向く時間がありません。購入した家具や家電製品の受け取りを親が代わってあげるといいでしょう。

式の2カ月前に新居探しをすませる

新居は、だいたい挙式・披露宴の2カ月前には決めておきましょう。式の準備と並行して新居探しをするので、かなり大変です。しかし、満足できる住居を見つけたうえで、生活用品の購入や電気、ガス、水道などの手配をすませることを考えると、それくらいの時間は必要です。

最終的に決めるのは子どもですが、新居の候補となる物件探しなどは、親が手伝ってあげましょう。また、電気や水道、ガスの手配など、代わりにできることは、やってあげてもいいでしょう

3～4カ月前から物件を探しはじめ、2カ月前には新居を決め、契約します。新居を契約するとき、保証人が必要になります。どちらの親が保証人になるかは、事前に決めておきましょう。いざというときのため、新居に近い地域に住んでいる親のほうが安心です。

新生活に必要な家具や家電製品もいっしょに買いそろえます。食器棚のような大きなものから買っていくと、家具や家電製品の配置を考えやすくなります。また、最初からすべてそろえるのではなく、必要最低限にとどめておき、必要になってから購入すると、無駄がありません。

新婚旅行から帰ったら、すぐに生活がはじまりますから、式の2週間ほど前には引っ越しをすませましょう。

式の準備で子どもが忙しく、新居に行く時間がないようであれば、親が代わりに購入した電化製品や家具を受け取ってあげるといいでしょう。

婚礼の荷物を新居へ運ぶ荷送りの儀

地方によっては、式の2週間ほど前に、新婦の荷物をふたりの新居へ運び入れる「荷送り」と呼ばれる儀式を行うところもあります。具体的には、結納返しの品、嫁入り道具を記した荷目録、先祖や家族への贈り物などを贈ります。

荷送りの品は、地方によって習慣が異なるので、最初に確認しておきましょう。結納をしなければ行わなかったり、かなり省略した形で行ったりすることもあります。

◉新生活に必要なものチェックポイント

●キッチン・調理器具

Check!

□コンロ　□やかん　□鍋
□フライパン　□まな板　□包丁
□キッチンツール　□電気ポット
□水切りラック　□ボウル、ざる

●家電製品

Check!

□冷蔵庫　□炊飯器　□電子レンジ
□洗濯機　□テレビ　□パソコン
□電話　□掃除機
□エアコン　□照明器具

●食器類

Check!

□お椀、茶碗　□皿各種
□グラス（コップ、カップ等）
□はし　□スプーン　□フォーク
□ナイフ　□ポット

●インテリア・家具

Check!

□ベッド　□寝具
□テーブル、イス　□ソファ
□収納（食器棚等）　□カーテン類
□カーペット　□ゴミ箱　□タオル

◉主な家電製品、インテリア、家具の平均購入費用

●インテリア・家具

総額50.2万円

ソファ	7.8 万円
ベッド	15.0 万円
ふとん・まくら	8.2 万円
ダイニング家具	7.0 万円
食器棚	7.1 万円
カーテン類	5.1 万円

●家電製品

総額49.6万円

冷蔵庫	12.7 万円
洗濯機	9.5 万円
掃除機	3.0 万円
照明器具	3.5 万円
テレビ	15.7 万円
電子レンジ	5.2 万円

出典『ゼクシィ 新生活準備調査 2010』

おさいふポイント

●新生活の親の援助金額は？

子どもの新生活にあたって、インテリアや家具、家電製品の購入費用を援助する親は6割、援助する金額は、新居の準備費用も含めると約200万円が平均となっています。新生活にはなにかとお金がかかりますから、お金も含めて、あまり使っていない親の家電製品などを子どもに譲ってあげるなどして節約しましょう。

式前日までの準備と確認

挙式が迫り、あわただしくなると、本人たちの気分も不安定になりがち。相談にのるなど、リラックスできるようにさりげなく気を配りましょう。

祝い客からお祝いをもらったら

子どもの結婚を知ると、自宅までお祝いに訪問する人もいます。訪問した人を部屋へ通したら、桜湯や昆布茶を出して、もてなします。緑茶は縁起が悪いとされているので、避けてください。

親と子どもが一緒に応対するべきですが、子どもが不在の場合は、親が代わってお祝いを受け取ります。後日、子どもからお礼を電話などで伝えるようにします。

お祝いの品をもらった場合、お返しをします。披露宴に招待している場合は、引き出物を渡すのでお返しをする必要はありませんが、招待していない人の場合は、挙式から1カ月以内にお祝い返しをします。返し忘れがないように、誰から何をもらったのかを記録しておきましょう。

お祝い返しは、受け取った金額の3分の1から半額程度の品物を、お礼状を添えて贈ります。

式の2週間前には最後の打ち合わせを

挙式や披露宴まで2週間という段階になったら、会場の担当者と最後の打ち合わせをします。出席者の人数や席次、当日のタイムスケジュールなどに変更がないか、媒酌人や主賓の肩書きや名前に誤りがないかなど、入念にチェックしましょう。

式の1週間前になると、子どもは疲労と緊張でストレスが高まってピリピリしています。親は会場に持っていくもののリスト作成や確認を手伝うなど、本人たちの負担を軽減してあげましょう。確認が二重になるので安心です。

式の前日はゆっくりと休養する

式の前日になったら、媒酌人や主賓など式でお世話になる人たちに電話であいさつをします。親族へのあいさつなど、親ができるものは代わりにしてあげましょう。

心づけ（123ページ参照）のための新札と祝儀袋も忘れずに用意します。

会場に持っていくものの最終確認ができたら、子どもを早めに休ませ、体調を整えた状態で翌日の式に臨ませます。

◉挙式・披露宴までにしておくこと

Check!

- □招待客の人数、席次の確認
- □タイムスケジュールの確認
- □招待客の氏名、肩書きの確認
- □宿泊先の手配（本人と招待客）
- □ご祝儀の保管方法の確認
- □媒酌人、主賓へ前日に電話であいさつ
- □スピーチ、余興、受付を依頼した人への連絡
- □当日の持ち物のチェック

◉持ち物リスト

●新郎

Check!

- □結婚指輪
- □衣装
- □衣装の小物
- □下着類
- □ハンカチ
- □パスポート、チケット（必要な場合）
- □現金
- □謝辞の原稿

●新婦

Check!

- □結婚指輪
- □衣装
- □衣装の小物
- □ハンカチ
- □下着類
- □化粧道具
- □パスポート、チケット（必要な場合）
- □現金

●両親

Check!

- □衣装
- □衣装の小物
- □ハンカチ
- □下着類
- □化粧道具
- □現金（新札）
- □媒酌人への謝礼（当日に渡す場合）
- □御祝儀（心づけ）、車代
- □祝儀袋（予備）
- □式場から持ってくるよう指定されたもの
- □謝辞の原稿
- □挙式・披露宴の進行表、招待客のリスト、席次表
- □新郎新婦用の軽食

◉挙式1カ月前にはブライダルチェックを

式の1カ月前には、ブライダルチェックを受けるように子どもにすすめてみましょう。ブライダルチェックとは、結婚にあたって、一般的な健康診断のほか、性病やHIVの検査を行うものです。女性の場合は、それに加えて妊娠や出産に関する病気などの検診も受けます。妊娠に関する検査は、2～3カ月前からはじめると、より詳細に調べることができます。

●ブライダルチェックの内容

- ●一般検査
- ●STD（性病）検査
- ●超音波検査（女性）
- ●精子精液検査（男性）

挙式当日の朝にすること

遅刻はどんなことがあっても避けたい事態です。不測の事態に備え、挙式前日は、式場近くのホテルに部屋を用意してもいいでしょう。

式の当日は余裕を持って行動する

挙式・披露宴の当日は、分刻みのスケジュールで、かなり忙しい一日になります。なにごとも余裕を持って行動するようにしましょう。式を挙げる本人たちの緊張もピークに達しています。身だしなみなど、気づいてあげられることは親が率先してフォローします。

この日は、あまり食事をとることができませんから、朝食はしっかりと食べましょう。緊張からあまり食事が進まないようなら、サンドウィッチなど簡単に食べられるものを用意して、式の合間に軽食をとれるようにしておきます。

トイレに行ける機会が少ないので、水分はとりすぎないよう気をつけましょう。

遅刻したらあわてずに連絡する

遅刻などしないよう、新郎なら開場の1～2時間前、新婦は3～4時間前に式場に入ります。親もその時間に合わせて式場入りします。

しかし、諸事情により遅刻してしまうときは、すぐに式場の担当者、相手の親、媒酌人に連絡して、その指示に従います。

親が体調不良などで、やむを得ず欠席するときは、まず本人に伝え、次に相手と相手の親、媒酌人、式場の担当者、司会者に連絡します。招待客へ欠席の事情を説明するのか、説明するとしたらどのタイミングでするのかなどを、式場の担当者のアドバイスに従って検討します。

主賓など主な招待客の遅刻、欠席についても、その都度、相手と相手の親、式場担当者などと連絡を取り合い、相談しましょう。

どんなに準備をしていても、不測の事態は起こってしまうものです。そういうときは、あわてずに、落ち着いて連絡を取り合うことが大切です。

●両親の身だしなみチェック

Check!

- □靴に泥はついてないか
- □化粧は濃すぎていないか
- □服装に乱れはないか
- □シャツの襟やボタンはきちんととまっているか
- □寝癖がついていないか
- □服のすそが出ていないか

◎当日の流れ

	新婦	新郎
3時間前	●式場入り ●ヘアメイク・着付け	
2時間前	●式場スタッフへあいさつ	●式場入り ●着付け ●式場スタッフへあいさつ
1時間前	●親族・媒酌人へあいさつ	●親族・媒酌人へあいさつ
30分前	挙式リハーサル	挙式リハーサル
	挙　式	挙　式

式場到着後の親の役割

母親は、新婦が緊張していたり、体調を悪くしていたりしないか気を配り、飲み物をあげたり、近くにいてリラックスさせてあげましょう。

親の役割に専念して控えめにする

両親は、当日、本人たちと一緒に早めに家を出て、式場に入ります。渋滞などのトラブルも考えられるので、時間に余裕を持たせましょう。

式場に到着したら相手の両親にあいさつしたあと、式場スタッフに心づけを渡し、あいさつをします。あいさつは父親の役割ですが、スタッフへは、母親がしても構わないでしょう。

媒酌人が到着したら、新郎新婦、両家の両親がそろってあいさつをします。そのあとは、次々に到着する親族や招待客を迎えます。近しい親族や主賓は、媒酌人へ紹介します。媒酌人に親族を紹介するのは、父親の役割です。

当日、親は自分の役割を果たすことに専念し、式の進行などは式場のスタッフに任せて、出すぎないようにします。わからないことがあれば、式場の担当者に相談しましょう。

いすが足りないなどのトラブルは、スタッフが対処してくれます。親は控え室にいて、招待客へのあいさつ、式場スタッフへの対応、お金の管理が主な仕事になります。

式次第の確認と祝電の整理をする

忙しい新郎新婦に代わって、親が式次第（挙式・披露宴の流れ、プログラム）の確認をし、司会者と最終打ち合わせをします。当日、変更することがあれば、その手配をお願いします。

親の知人から届いた祝電を確認し、本人たちと披露する祝電の選択と、順番を相談します。決まったら、司会者に祝電を託します。

あとは当日の主役である新郎新婦を立て、出すぎず、控えめにふるまいます。

もし控え室を離れるときは、必ず行き先を告げて、勝手に席を外さないようにしましょう。

●挙式前に親がすべきこと

Check!

- □式場スタッフへのあいさつ
- □式次第の確認
- □心づけの手渡し
- □媒酌人へのあいさつ
- □親族、主賓を媒酌人へ紹介
- □親族への新郎新婦の紹介
- □親の知人からの祝電を整理

●式場到着後のあいさつ

媒酌人

このたびはこのような大役をお引き受けいただき、誠にありがとうございます。本日はどうぞよろしくお願いいたします。

媒酌人へは、両家の両親と新郎新婦がそろってあいさつをします。責任ある役を引き受けてくれたことへのお礼を述べましょう。

相手の両親

おかげさまで、無事今日を迎えることができました。今日は子どもたちのためにがんばりましょう。よろしくお願いいたします。

まず先にあいさつをしなければならない人です。今日の式を無事に進められるよう、お互いを励まし合いましょう。

親族

今日はわざわざ足をお運びくださり、ありがとうございます。このたび無事、息子（娘）が結婚をすることになりました。

出席してくれたことへの感謝と、子どもが結婚することを直接報告しましょう。近しい親族なら媒酌人へ紹介します。

式場スタッフ

今日は朝早くからありがとうございます。なにかとご迷惑をおかけすると思いますが、よろしくお願いします。

挙式前にスタッフの代表者にあいさつをします。そのとき、心づけを渡すように準備しておきましょう。

親のトークワザ

●相手の親族にはどうやって話しかけたらいい？

式の日に相手の親族とはじめて会うときは、まず「新郎（新婦）の父（母）、○○○○と申します」と自分から名乗りましょう。ウエルカムドリンクをすすめながらであれば、さらに話しかけやすくなります。相手も自己紹介したところで、「本日はお忙しいところご出席くださいましてありがとうございます。今後ともよろしくお願いいたします」とあいさつします。

心づけ、車代の渡し方

心づけを渡そうとしても、人が多くてなかなか機会が見つからないことがあります。そういうときは、渡したい人を呼んでそっと手渡します。

心づけは親から渡すことが多い

挙式の当日は、式場でお世話になる人たちに支払いとは別に、心づけという、ご祝儀を渡します。これはいわゆるチップのようなもので、絶対に渡さなければいけないというものではありませんが、祝いごとの習慣になっているので、用意しておいたほうがいいでしょう。

心づけは、新郎新婦の気持ちなので、本来は本人たちが渡すべきものです。しかし、当日は忙しくて時間が取れないことが多いので、代わりに親が渡すことが多いようです。

心づけを渡す相手は、会場係の責任者、ヘアメイク・着付けの責任者、介添人、撮影スタッフ、司会者、運転手などになります。心づけの金額は、左ページの表を参考にして、式を挙げる本人たちと相談して決めてください。

披露宴の終了後に渡すのが正式ですが、帰り際はあわただしくなってしまいますから、挙式がはじまる前の、時間に余裕があるときに渡しておいたほうがいいでしょう。「本日はよろしくお願いいたします」と心づけを渡すときにひと言添えます。周りに人がいないことを見はからってから渡しましょう。

着付けやヘアメイクなどの場合ははじめる前に渡しますが、機会がなく、終わったあとになるときは「ありがとうございました」と言って渡します。心づけを渡すのは、母親が多いようですが、父親が行っても構いません。お互いに、誰に心づけを渡したのかを伝えておきましょう。臨機応変に対応することが大切です。

心づけは両家がそれぞれ用意する

心づけはあらかじめ祝儀袋に入れ、表書きを書いておきます。表書きに書く姓は、新郎がお世話になるスタッフの場合は新郎の姓、新婦がお世話になるスタッフへは新婦の姓を書きます。両家がお世話になるスタッフには、両家の姓を書きます。急に必要になる場面もあるので、多めに用意しておきましょう。中に入れるお札は、新札を使用し、表をそろえて肖像が上になるようにして入れます。

心づけの金額の目安

心づけの金額には、特に決まりはありません。挙式の予算をもとに、子どもたちと相談して決めましょう。だいたい、下の表の金額を渡すのが一般的なようです。余分に用意するときは、5000円札と1万円札など複数種類を用意しておくと便利です。

最近では、心づけを受け取らない方針にしている結婚式場もあります。心づけを辞退されたら、無理に渡そうとしないようにします。ただし、着付けや撮影スタッフなど、式場の外部のスタッフへは心づけを渡すようにします。

相手	金額	渡すタイミング
会場係	責任者へ1～3万円	責任者とあいさつをするとき
ヘアメイク・着付け	責任者へ1万円、ほかのスタッフへ3000～5000円	ヘアメイクをはじめる前
介添人	3000～5000円	最初にあいさつをするとき
カメラマン（プロ）	3000～1万円	披露宴前
司会者（プロ）	3000～1万円	披露宴前
司会者（友人）	3000～5000円	披露宴前
運転手	3000～5000円	車から降りるとき
受付	3000～5000円	最初にあいさつをするとき

おつきあいポイント

車代の準備も忘れずに

主賓や乾杯をお願いした人、遠方からの招待客には、交通費として車代を渡します。一般的に1万円以上が相場です。受付をしたあと、あいさつをしたときに、人目につかないように渡します。御祝儀袋に「御車料」と表書きをし、名前は招いた家の姓を書きます。往復のハイヤーや新幹線の切符などを前もって手配したときは、渡す必要はありません。

心づけの表書き

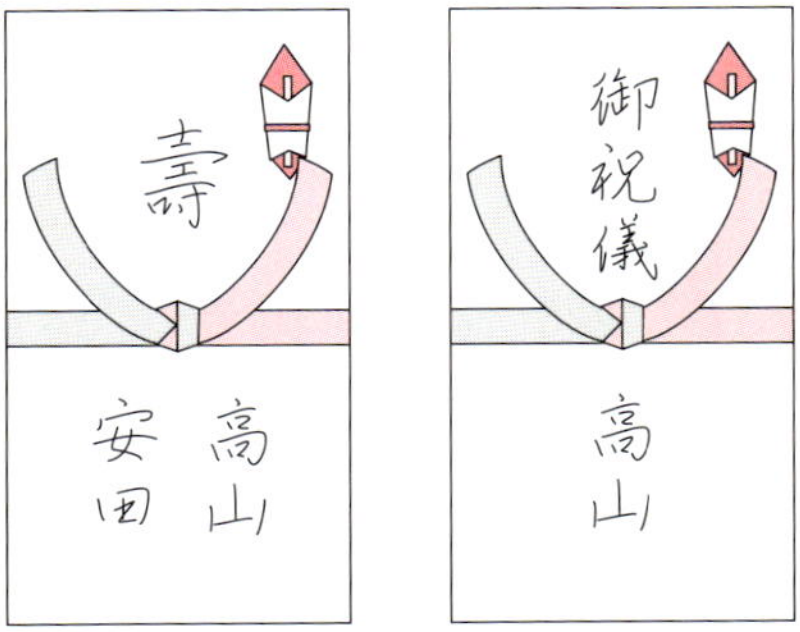

結び切りの水引やのしが印刷された祝儀袋か、ポチ袋に。表書きは「壽」（「寿」としてもよい）か「御祝儀」とします。

挙式には親族が出席するのが基本。ただ、本人が親しい友人の出席を望む場合は、あらかじめ席の用意をお願いしておきましょう。

式次第とマナー

［ 神前式 ］

伝統的なスタイルで厳かな雰囲気

神前式は、日本古来の伝統にのっとった厳かな雰囲気を持つ挙式スタイルで、根強い人気があります。神社にまつられる神々や祖先に結婚の報告をし、今後のふたりの加護を願います。

挙式は、ホテルや結婚式場の神殿で行うのが一般的ですが、神社で挙げることもできます。この場合は、披露宴会場との距離なども考慮して選びましょう。なかには披露宴会場を併設している神社もあります。

神前式では衣装の決まりがないので、白無垢以外の着物や、ウエディングドレスを着ることもできます。

◉神前式の式次第

1 入場

新郎新婦、媒酌人夫妻、両親、親族の順に入場し、席に着きます。

2 修祓《しゅうばつ》の儀

斎主が入場したら列席者は起立し、斎主とともに神座に一礼します。斎主は、列席者の方へ向いて、清めのお祓いをします。

◉神前式の席次

神前式の席次は、新郎側が右、新婦側が左になります。上座から近親者の順に席に着き、媒酌人は新郎新婦のうしろに着きます。友人が列席する場合は、下座に着きます。

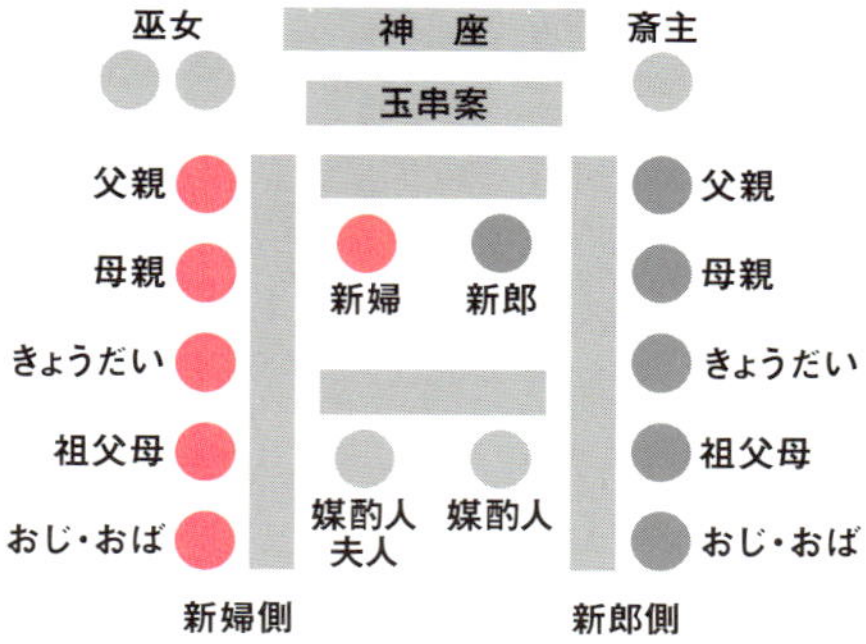

3 祝詞奏上《のりとそうじょう》

斎主は神前にふたりの結婚を報告し、祝詞を読み上げます。

4 三献《さんこん》の儀（三三九度の杯）

巫女が杯に注いだ御神酒を、新郎新婦が交互に三口に分けて飲みます。小杯：新郎→新婦→新郎　中杯：新婦→新郎→新婦　大杯：新郎→新婦→新郎の順。飲めなければ口をつけるだけでも大丈夫です。

5 誓詞奏上《せいしそうじょう》

新郎新婦は神前に進んで一礼し、新郎が結婚を誓う誓詞を読み上げます。最後に自分の姓名を名乗り、次いで新婦が自分の名前を名乗ります。

6 玉串奉奠《たまぐしほうてん》

新郎新婦が玉串案に玉串を捧げます。その後、2回礼をし、2回手を打ったあと、最後にもう1度礼をして、席に戻ります。

7 指輪の交換

新郎から新婦へ、新婦から新郎へ左手の薬指に指輪をはめます。厳密には神前式に指輪交換の儀式はありませんが、希望すれば玉串奉奠の前後で行うことができます。

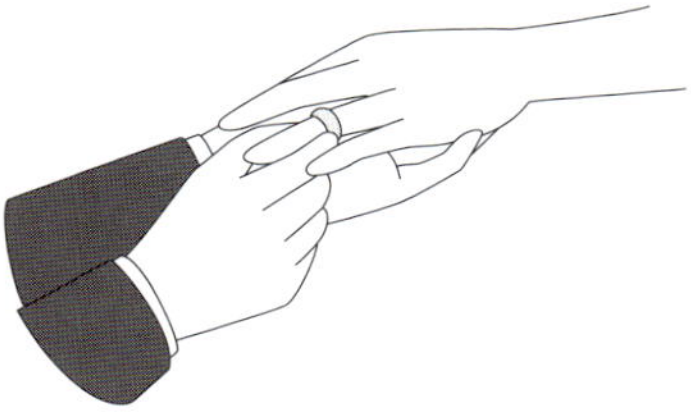

8 親族杯の儀

列席者全員の杯に御神酒が注がれるので、これを巫女の合図で、三口で飲み干します。

9 退場

斎主が祝詞を述べたあと、全員が起立し、神前に拝礼して、斎主、新郎新婦、媒酌人夫妻、両親、親族の順に退場します。

神前式のマナー

表書きは初穂料とする

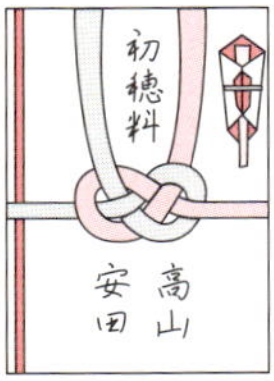

神社で挙式した場合は、のしをつけた金銀または紅白の結び切りの祝儀袋へ、挙式料を入れます。表書きは「初穂料」とし、両家の連名にします。5～15万円が相場です。斎主や巫女へは「御禮」（「御礼」としてもよい）と書いた両家連名ののし袋に2～3万円包んで渡します。

挙式の撮影は事前に確認を

挙式は宗教儀式なので、披露宴とは違い写真の撮影が制限されます。神社によっては撮影を禁止していることもあります。写真撮影については、事前に神社側と話し合い、撮影できる場所とタイミングを確認しておきましょう。

式次第とマナー

［キリスト教式］

新婦と父親がバージンロードを歩くときは、ふたりの足並みをそろえるのがポイント。足の踏み出し方やスピードを合わせるために事前に練習を。

一般的な挙式はプロテスタント

キリスト教式は、華やかなウエディングドレスやロマンチックなイメージから、もっとも人気のある挙式のスタイルです。

カトリックは原則として信者以外の挙式を認めていないので、日本でのキリスト教式のほとんどはプロテスタントによるものです。ホテルや式場のチャペルでは誰でも式を挙げることができますが、カトリックの教会で式を挙げるときは、挙式前に神父から信仰についての講義を受けることが条件となります。

結婚の証人となる立会人は、それぞれのきょうだいや友人がつとめます。

◉キリスト教式の式次第

1 新郎入場

列席者は先に入場して、起立して新郎新婦を迎えます。まず新郎が牧師（神父）とともに入場し、聖壇の前で新婦を待ちます。

2 新婦入場

新婦が父親とバージンロードを通って入場。父親は新婦を聖壇の前で新郎に引き渡します。

◉キリスト教式の席次

一番前に両親が座り、うしろに祖父母、きょうだい、おじ・おばの順に親族が座ります。友人たちはそのうしろです。教会で挙げるときは、一般の信者が列席することもあります。

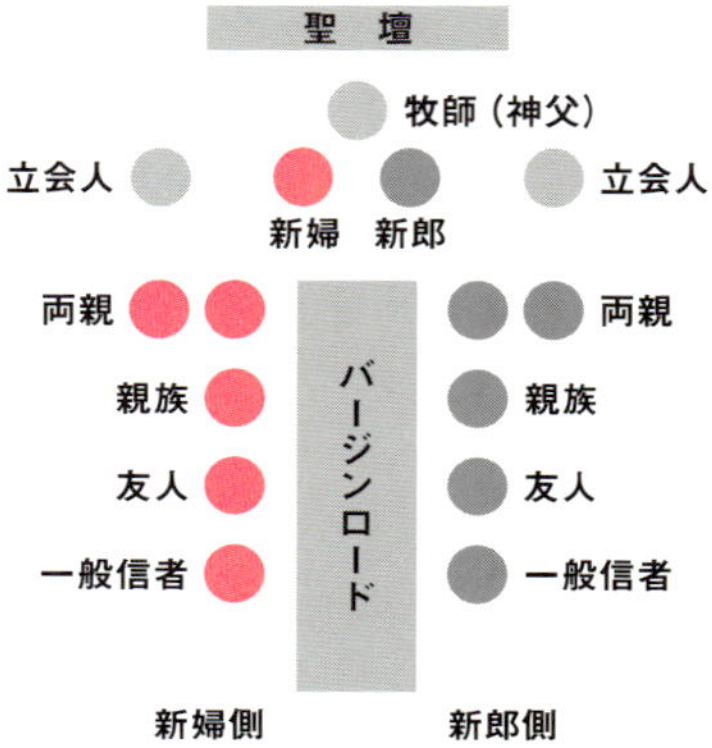

3 賛美歌合唱

列席者はふたりを祝福する賛美歌を合唱します。歌詞カードはあらかじめ用意されています。

4 聖書朗読・祈祷

牧師（神父）が聖書の一節を朗読し、祈りを捧げます。列席者は着席して拝聴します。

5 結婚の誓約

牧師（神父）が新郎新婦へ結婚の意志を問うので「はい、誓います」と答えます。新郎が新婦のベールをあげます。

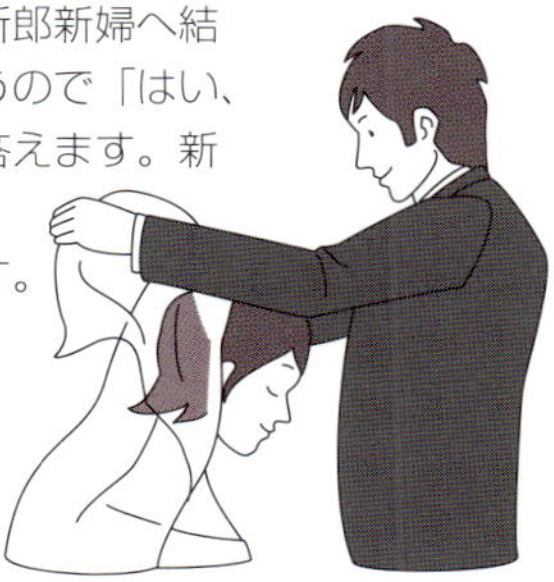

6 指輪の交換

牧師（神父）から指輪を受け取り、新郎新婦はそれぞれお互いの左手薬指に指輪をはめます。

7 結婚の宣言

牧師（神父）はふたりの右手を重ね合わせ、その上に自分の手を置いて祝福し、結婚が成立したことを宣言します。

8 結婚誓約書の署名

ふたりで結婚誓約書に署名します。

9 賛美歌合唱

列席者全員が起立し、賛美歌を合唱します。

10 退場

新郎と新婦は腕を組んで退場します。

キリスト教式のマナー

挙式料は白封筒へ入れて

教会で挙式したときは、挙式料は表書きを「献金」として白い封筒に入れて、両家の連名で渡します。挙式料の相場は、牧師（神父）やオルガン奏者などへのお礼を合わせて 10～30 万円です。献金とは別に､牧師へ白封筒に｢御禮｣（｢御礼」としてもよい）と表書きをして、1～2万円渡すこともあります。

バージンロードは踏まない

列席者はバージンロードを横切ったり、踏んだりしないように気をつけましょう。入場したらすみやかに着席して、新郎新婦が入場するのを待ちます。

式次第とマナー

［ 仏前式 ］

あまりなじみのない挙式スタイルなので、打ち合わせは綿密に。招待客にもあらかじめ、招待状などで式の流れを伝えておくといいでしょう。

数珠の拝受や焼香に特徴がある

ふたりが出会えた縁と結びつけてくれた先祖に感謝し、仏前で結婚を報告するのが仏前式です。先祖代々の菩提寺や設備のある式場、自宅の仏壇前で式を挙げるのが一般的です。観光地になっているような有名な寺院で挙式することもできます。

記念の数珠（念珠）を拝受したり、焼香をしたりするなど、式には、仏教ならではの特徴があります。

式では、僧侶が司婚者《しこんしゃ》となり進行します。宗派によって、進行の内容が異なるので、事前によく確認しましょう。また、参列者は、数珠を用意する必要があります。

◉仏前式の式次第

1 入堂

両親、親族の順に入堂して着席。続いて新郎新婦、媒酌人夫妻、司婚者（僧侶）の順に入堂します。

2 敬白文《けいびゃくもん》朗読

司婚者が焼香し、仏前にふたりの結婚を報告する敬白文を読みます。このとき、全員起立して合掌します。

◉仏前式の席次

仏前式は、基本的に親族と媒酌人で行い、友人知人はあまり出席しません。司婚者となる僧侶が仏壇の前に、新郎新婦は焼香台の前に座ります。挙式する場所によってはいすがありますが、基本的に座布団に座ります。

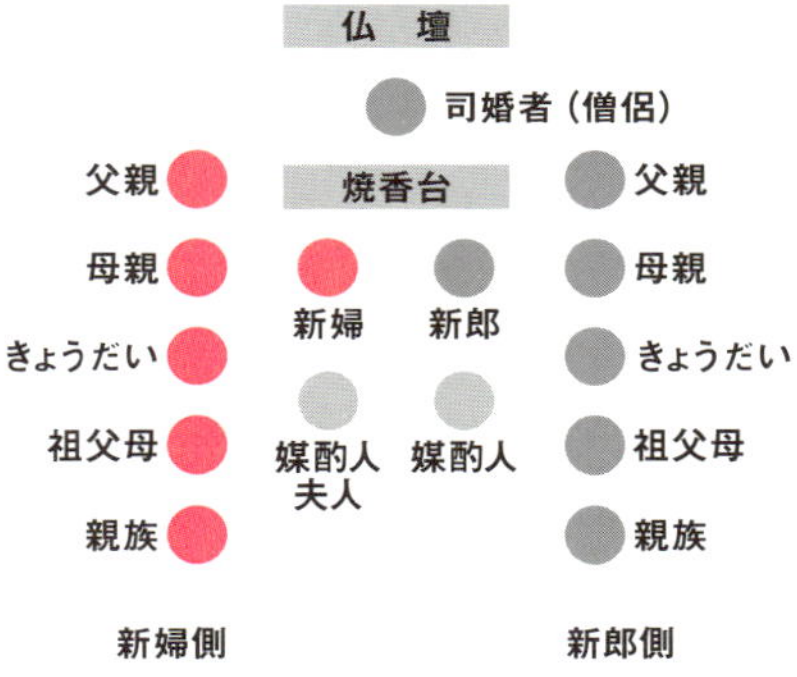

3 念珠授与

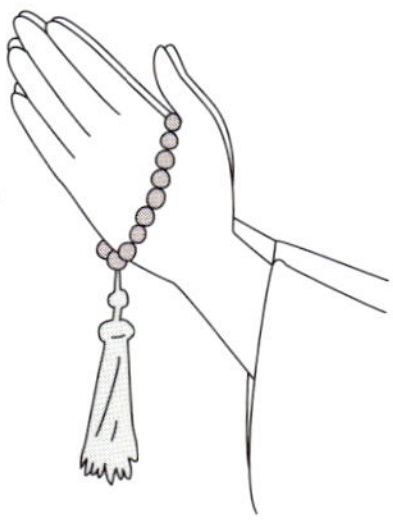

司婚者より、新郎は白い房の数珠（念珠）を、新婦は赤い房の数珠をそれぞれ左手で受け取ります。数珠を授かったら、親指以外の指にかけて合掌します。

4 指輪の交換

必ず行われるものではなく、希望した場合に限られます。新郎新婦が司婚者から指輪を受け取り、お互いの指輪を交換します。

5 司婚《しこん》の辞《じ》朗読

司婚者が結婚の誓いである司婚の辞を朗読したあと、一同に結婚の成立を宣言します。

6 新郎新婦の焼香

新郎から焼香をします。合掌したら、数珠を左手で持ちます。右手で香をつまんで、1回香炉へ落としたら、再度合掌します。新婦も同じように行います。

7 誓杯

神前式の三三九度にあたります。神前式とは異なり、一の杯と三の杯は新婦から口をつけます。宗派や式場によって仕方が異なるので注意しましょう。飲めなければ口をつけるだけでも大丈夫です。

8 親族固めの杯

全員が起立し、杯に口をつけます。飲み干したら、合掌をします。

9 司婚者の法話

司婚者より結婚のお祝いと法話、閉会の言葉があります。

10 退堂

全員が起立し合掌します。司婚者、新郎新婦、媒酌人、両親、親族の順に退堂します。

仏前式のマナー

挙式料を入れる祝儀袋は？

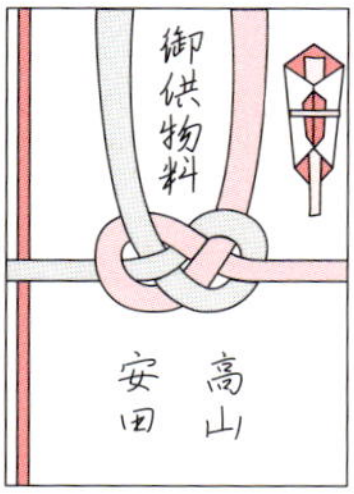

寺院で挙式した場合、挙式料を入れる祝儀袋は、水引は金銀または紅白の結び切りで、のしをつけます。表書きは「御供物料」または「御布施」「御禮」（御礼）とし、両家の連名にします。相場は5～20万円です。司婚者をつとめた僧侶やおつきの僧侶へも2～3万円のお礼を「御禮」と表書きをして渡します。

式を挙げる寺院はどうする？

必ずしも先祖からの菩提寺にお願いしなければならない、ということはありません。設備のある式場ならすべて手配してくれますし、宗派を問わず挙式を受け付けている寺院もあります。

招待状には仏前式の案内を

仏前式を挙げるカップルは少なく、割合は約0.1割。マナーを知っている人もあまりいません。招待状には、挙式が仏前式で、数珠が必要である旨を記しておいたほうが親切でしょう。

高齢の親族に人前式はなじみがなく、反発される可能性があります。本人たちだけでなく、親からもあらかじめ説明して理解を得ておきましょう。

式次第とマナー

［ 人前式 ］

形式にとらわれない自由な挙式ができる

特定の宗教や形式にとらわれない挙式スタイルとして、人前式を選ぶカップルが増えています。

人前式では、立会人または列席者全員を証人として、結婚の宣言を行い、結婚証明書に署名します。それ以外に決まりはなく、どのような形式をとってもよいため、オリジナリティある式を挙げることができます。

ただ、儀式としての厳粛さが失われてしまうような演出は、親が内容を確認して事前に注意したほうがいいでしょう。友人を中心とした式が多く、親は招待客のひとりとなります。

●人前式のさまざまな演出

列席者全員が証人

立会人がふたりの結婚の証人になるだけでなく、列席者全員が証人となるスタイルもあります。立会人が証人代表として結婚証明書に署名します。

退場に華やかな演出をする

退場のときに華やかな演出を取り入れます。ライスシャワーやフラワーシャワーのほか、風船やシャボン玉を飛ばす演出も人気です。

和装でも挙式できる

人前式はウエディングドレスなどの洋装が多いのですが、形式が決まっているわけではないので、和装で挙式することもできます。

結婚証明書を婚姻届に

市販されている結婚証明書ではなく、実際に役所に届ける婚姻届にサインする式もあります。立会人が証人となって署名します。

古くからの儀式を取り入れる

お互いの家の水を持ち寄り、ひとつの杯に合わせて新郎新婦が飲む「水合わせの儀」のような、古くからの儀式を取り入れている人もいます。

4 指輪の交換

新郎新婦は立会人から指輪を受け取り、互いの左手薬指にはめます。

5 結婚証明書への署名

結婚証明書にふたりで署名をし、そのあと立会人が署名をします。

6 結婚承認の宣言

立会人がふたりの結婚が成立したことを宣言します。

7 退場

司会者が閉会の宣言をして、新郎新婦が退場します。フラワーシャワーなどさまざまな演出をすることもあります。披露宴会場が同じ場所の場合は、そのまま披露宴が始まります。

◉人前式の式次第例

人前式は、特に定まった式の流れがないため、よく行われているものを中心に、式次第を紹介します。会場も式場以外にレストランなど、さまざまな場所で行われます。

1 入場

入場曲が流れると、新郎新婦が入場します。

2 開会の宣言

司会者が式の開会を宣言し、新郎新婦のプロフィールを紹介します。

3 誓いの言葉

列席者の前で新郎新婦が結婚にあたっての誓いの言葉を述べます。誓いの言葉は、新郎新婦がそれぞれのものを用意するときと、ふたりでひとつのものを読み上げるときがあります。

誓いの言葉　文例

私たちふたりは、今日ここで結婚することを宣言します。楽しいときも辛いときもふたりでわかち合い、生涯お互いを信じ、愛情を持ってともに生きていくことを誓います。

二〇一二年二月二十五日

夫　高山真一

妻　安田幸子

親族紹介と写真撮影

記念撮影では、小さな子どもがいることもあります。そういった場合は、その親にだっこしてもらうなどして、写真に写るように気をつけます。

新郎新婦の父親が親族紹介を行う

挙式をしたときから、新郎新婦の親族はお互いが親族同士となります。しかし、お互いの親族のことは、よく知りません。そのため挙式のときに、親族紹介を行うことになります。

親族紹介には、挙式の準備で新郎新婦が立ち会えないことが多いようです。その場合、あとでそれぞれの親族へあいさつにいきます。

親族紹介は、挙式の前後に行います。親族紹介のタイミングは、会場のスタッフの指示に従ってください。神前式の場合は神殿で、キリスト教式と人前式の場合は控え室で行うのが一般的です。

親族の紹介は、新郎新婦の父親がつとめます。媒酌人がいる場合は、媒酌人を紹介し、媒酌人がお祝いの言葉とあいさつをします。媒酌人がいない場合は、新郎の父親が簡単なあいさつをしてから、血縁の近い順に親族の指名と新郎との関係を紹介します。紹介された人は、ひと言あいさつをして一礼します。身内なので、名前に敬称はつけません。終わったら「幾久しく、よろしくお願いいたします」と述べて締めくくり、新婦の父親が同じように続けます。

挙式を終えたら記念撮影を行う

挙式を終えて、披露宴がはじまるまでの間に、新郎新婦と親族一同で記念撮影を行います。撮影場所へは、会場スタッフに従って移動します。

ふたりの一生の記念となる写真ですから、撮影の前に、服や髪に乱れがないかチェックしておきましょう。

新郎新婦のみの記念撮影は、挙式の前、または親族の集合写真を撮り終えてから行います。最近では、挙式とは別の日にスタジオで撮影をする、前撮りを利用する新郎新婦も増えています。

前撮りには、スタジオ撮影と、スタジオ外で撮影するロケーション撮影があります。何着でも撮影できますが、それだけ費用がかかります。ちなみに、スタジオ撮影で衣装が1着という人がもっとも多いようです。料金は平均すると14万円程度です。

◉記念写真の並び順

記念撮影の並び順は、左右を新郎側の出席者と新婦側の出席者で分け、中央前列に新郎新婦、隣に媒酌人、父親、母親の順で並びます。新郎新婦の近親者ほど中央寄りになります。ただ、小さな子どもがいたりするので、それほど厳密ではありません。全員が写真に収まるようにカメラマンが指示をしますので、それに従います。

◉紹介の順番

父親 ➡ 母親 ➡ 祖父 ➡ 祖母 ➡ きょうだい ➡ おじ・おば ➡ …

新郎の近親者から順番に紹介し、同じ親等の場合は年齢順にします。父方、母方の両方から出席している場合は、父方から紹介します。甥や姪が独身の場合は、きょうだいと一緒に紹介します。

◉親族紹介のあいさつ手順

1 新郎の父親

おかげさまで滞りなく式を終わらせることができました。ありがとうございました。それでは親族を紹介させていただきます。私が新郎の父、高山幸則でございます。隣が新郎の母、静香でございます。こちらが新郎の祖父……

2 新婦の父親

では私どもの親族を紹介いたします。私が新婦の父……

Part★2 結婚準備～結婚編

披露宴前の親の役割

両親が子どもの友人へあいさつするときは、あまり余計なことまで話さないように。簡単なあいさつだけにして、手短にすませましょう。

控え室でも品のある行動を

挙式と記念撮影が終わってひと安心、とはいきません。披露宴は、挙式よりも出席者が多いうえに、お酒を飲むため、失態を演じやすくなります。油断しないように、気をつけましょう。

記念撮影が終わるころ、披露宴の招待客が到着しはじめます。控え室にも、大勢の来客がありますので、あわてずに、落ち着いて応対しましょう。

控え室へ訪ねてきた招待客へは、ひとりひとりにあいさつをします。なかには、子どもの友人や同僚など、面識のない人がいるかもしれませんが、自分が新郎新婦の親であることを伝え、来客にお礼を述べましょう。

また、主賓やお世話になっている人が控え室まで足を運ばないことがまれにあります。受付の担当には、あいさつをしたい人が来たら、連絡をくれるようにあらかじめお願いしておきましょう。

忙しくなりますが、あわただしく歩き回ったりせず、落ち着いて、品のある行動を心がけてください。

場を和ませるのも親の役目

新郎新婦に代わって、場をリラックスさせるのも親の役目のひとつです。

手持ちぶさたにしている人がいれば、話しかけたり、年齢や立場が近いほかの招待客を紹介したり、ウエルカムドリンクをすすめるなど気を配りましょう。

開場時間が迫ってくると、会場のスタッフが控え室に新郎新婦たちを呼びにきます。このとき、控え室にいないと、周りの人に迷惑をかけてしまいます。トイレなどの短い所用であっても、行き先を告げてから控え室を出るようにしましょう。

親のトークワザ

●ふだん会わない人たちとの会話の仕方

なかなか会えない人たちとは、お互いの近況の交換をすると、話を盛り上げやすくていいでしょう。今後、お互いの交流が頻繁にできるようにしたいところです。

●招待客へのあいさつ

親の知人

お忙しいなか、足をお運びいただき、ありがとうございます。このたび、うちの息子にはもったいないほどきれいなお嫁さんがきてくださいました。これからもよろしくお願いいたします。

出席への感謝と、謙遜しつつ結婚の喜びを伝えます。長時間話し込まないように注意。

子どもの友人・同僚

本日は、ご列席ありがとうございます。いつも、息子（娘）がお世話になっています。結婚してからも、仲良くしてあげてください。よろしくお願いいたします。

出席へのお礼を述べ、今後の変わらぬおつきあいをお願いします。年齢が若ければ、少しくだけた感じに。

主賓（子どもが世話になっている人の場合）

本日はご列席いただき、誠にありがとうございます。いつも息子（娘）がお世話になっております。お忙しいなか、主賓としてご出席いただき、家内ともよろこんでおります。今後ともよろしくお願いいたします。

子どもがお世話になっていること、主賓になってくれたことへの感謝の気持ちを伝え、今後の変わらぬおつきあいをお願いします。

面識のない来賓

本日はお忙しいなか、ご列席いただきまして、誠にありがとうございます。○○の父（母）でございます。これを機に、今後お近づきになれたらと思います。よろしくお願いいたします。

自分が新郎新婦の親であることを告げ、今後のおつきあいをお願いします。

●控え室でのNG

控え室では、次のことを慎みましょう。基本的には、あわてることなく落ち着いて、親として品位ある行動をとること。主役である新郎新婦を立てるようにしましょう。

あわただしく走りまわる
当日はとても忙しくなりますが、人に任せられることは任せてください。

配偶者をとがめる
父親が母親を叱ったり、母親が父親に小言を言ったりするのは聞き苦しいものです。

突然いなくなる
すぐ戻るつもりでも行き先は告げましょう。新郎新婦が不安になります。

新郎新婦のことをおとしめる
適度な謙遜は必要ですが、度を越すと新郎新婦の悪口になってしまいます。

緊張しすぎて無口になる
緊張が新郎新婦に伝わってしまいます。場を和ませるのも親の役目です。

披露宴の進行と親の役割

披露宴ではさまざまな余興が盛り込まれます。もし両親が参加するような演出があれば、あまり固辞せずに、参加して場を盛り上げましょう。

感謝の気持ちで笑顔の応対を

披露宴は、挙式を終えて、正式に結婚した新郎新婦を普段お世話になっている人たちに披露するために開かれます。子どものために足を運んでくれた人に感謝し、おもてなしの気持ちで迎えましょう。

披露宴がはじまってしまうと、あとは司会者が進行してくれるので、親がすることは特にありません。出しゃばりにならない範囲で子どもたちのフォローをします。

一日中あわただしく、かなり疲労がたまっていると思いますが、締めくくりとなる披露宴を盛り上げるため、疲れた顔は見せずに、笑顔で応対しましょう。

1 招待客の入場

会場入り口で、新郎新婦、媒酌人、両親が入場する招待客にあいさつをします。並び順は、新郎両親、媒酌人、新郎、新婦、媒酌人夫人、新婦両親になります。

親の役割

初対面の人にも、感謝の気持ちを込めてあいさつします。

2 新郎新婦入場

入場曲が流れ、新郎新婦が入場します。式場スタッフが先導して、媒酌人、新郎、新婦、媒酌人夫人の順に入場します。両親は着席して迎えます。

3 開宴の辞

司会者が開宴のあいさつをします。

4 媒酌人のあいさつ

媒酌人があいさつをします。あいさつでは、挙式を終えたこと、両親の紹介、新郎新婦のプロフィールやなれそめを紹介します。媒酌人を立てないときは、司会者が代わりに紹介します。

親の役割
媒酌人があいさつをしている間、新郎新婦と両親は起立して拝聴します。

5 主賓祝辞

新郎の主賓、新婦の主賓の順で祝辞を述べます。

親の役割
新郎新婦と両親は起立して拝聴し、祝辞が終わったら席から主賓へ一礼します。

6 乾杯

主賓に次ぐ賓客が音頭をとり、全員が起立して乾杯します。

親の役割
新郎新婦と両親も起立し、乾杯したら軽く一礼します。

7 ウエディングケーキの入刀

ナイフを持つ新婦の手に新郎が手を添えて、ウエディングケーキに入刀します。お色直しのあとに行うこともあります。

8 会食・歓談・お色直し

歓談しながらの会食がはじまります。新郎新婦がお色直しをするときは、このときに中座します。両親、媒酌人はそのまま会場にとどまります。

親の役割
主賓やお世話になった人にあいさつし、お酌をします。ただし、フランス料理など、出歩くことがマナー違反の場合は、会場の雰囲気が落ち着くまで待ちましょう。

9 祝電の披露

新郎新婦が中座している間に祝電が披露されます。

10 新郎新婦再入場

お色直しを終えた新郎新婦が、再び入場します。

11 テーブルへのあいさつ回り

キャンドルサービスやギフトのプレゼントなどで、新郎新婦は各テーブルへお礼のあいさつをして回ります。

12 スピーチ・余興

招待客からの祝辞や余興がはじまります。

親の役割
場が和んで、出歩きやすい雰囲気なら、招待客へお礼のあいさつをします。お酒を勧められたら、口をつける程度に。ただし、スピーチ、余興をしている間は席を離れないこと。

13 新郎新婦から花束贈呈

新郎新婦から両親へ花束の贈呈が行われます。この前後で、新婦から両親へ感謝の言葉を贈ることがあります。

14 両家代表の謝辞

両家の代表が招待客へ向けて謝辞を述べます。代表になるのは、基本的に新郎の父親です。

15 新郎からの謝辞

新郎が謝辞を述べることがあります。

16 閉宴の辞

司会者がお開きのあいさつをします。

17 新郎新婦退場

新郎新婦、両親、媒酌人は、招待客のお見送りをするため招待客より先に退場します。

18 招待客のお見送り

会場出口に、入場のときと同じように並び、退場する招待客へお礼のあいさつをします。

親の役割

スピーチや乾杯をしてくれた人には、特にお礼の言葉を忘れないようにしましょう。

子どもの意見！

●友達へのあいさつは あっさりすませて

あいさつ回りで、友達ひとりひとりにまでお酌をされると、ちょっと恥ずかしいです。あとからからかわれそうです。できれば、友達にはまとめてあいさつするぐらいで、簡単にすませてもらえると助かります。あと、子どものころの話をみんなにするのは、とっても恥ずかしいので、あまり話さないように気をつけてほしいです。

テーブルマナー

［ 和食 ］

和食にはナプキンがないので、懐紙があると便利。焼き物では懐紙を使うこともあります。念のため、新郎新婦の分も用意しておきましょう。

意外と知らない和食のマナーに注意

披露宴で出される和食の多くは、会席料理という、お酒と一緒に味わうための料理です。コース形式で、順番に料理を出すのが一般的ですが、複数の料理をまとめて出されることもあります。その場合は、あっさりとしたものから食べて、揚げ物などのこってりしたものはあとに食べるようにしましょう。

和食は普段から食べ慣れているはずですが、マナーは意外と知らないものです。子どもたちのため、恥ずかしい食べ方にならないように気をつけましょう。

はしは正しく持ち、マナー違反に気をつけましょう。

●和食の流れ（会席料理）

❶先付

前菜のことで、数品を皿に並べて出すこともあります。

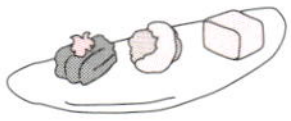

❷吸い物

すまし仕立ての汁物で、魚介などの具材が入っています。

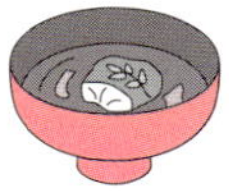

❸刺身

魚やエビ、イカなど魚介の刺身を数種盛り合わせたものです。

❹煮物

季節の野菜や豆腐などを煮たもので、色合いも楽しみます。

❺焼き物

尾頭付きや切り身の魚を焼いたものです。肉の場合もあります。

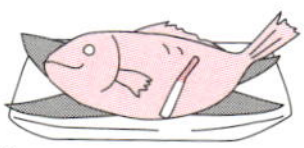

❻揚げ物

魚介の唐揚げや天ぷら、素揚げなどが出されます。

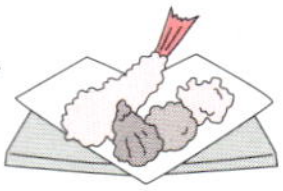

❼蒸し物

茶碗蒸しが一般的ですが、土瓶蒸しなどが出ることもあります。

❽酢の物

野菜や海藻などを、合わせ酢と和えたものです。

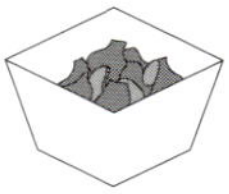

❾ご飯・留め椀・香の物

ご飯や寿司、みそ汁がよく出ます。香の物はお漬物です。

❿水菓子、菓子

デザートにあたるもので、季節の果物や和菓子などが出ます。

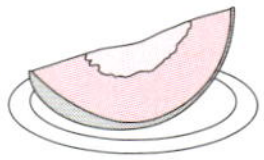

◉和食のマナー

お椀（吸い物、留め椀）

両手でお椀を持って汁を味わってから、中の具を食べます。ふたは、内側を上向きにしてお椀の右側へ置きます。食べ終わったら、ふたをお椀に乗せます。

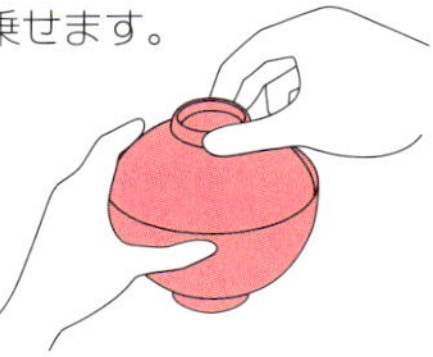

ふたが開けにくいときは、左手でお椀を押さえて開けます。

刺身

白身やイカなど淡白なものから食べ、味が濃厚な赤身は最後に食べます。つまは、刺身と一緒ではなく、別に食べます。また、しょうゆが垂れないように、しょうゆ皿を手に持ちます。

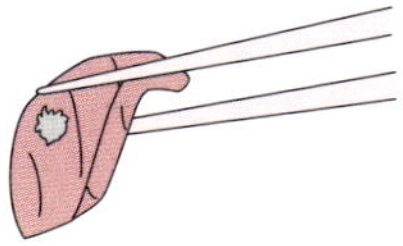

わさびは、しょうゆに溶かず、刺身の上に乗せて食べます。

焼き物（焼き魚）

ひれを取り除いて、上の身が食べ終わったら中骨を取り外し、魚を裏返さずに下の身を食べます。食べ終わったら、骨や皮は器のすみに寄せておきます。

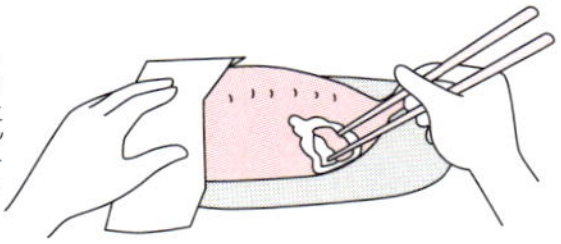

身をほぐしにくいときは、懐紙で頭を押さえてほぐします。

小鉢（煮物や酢の物など）

基本的に手前のものから口にします。大きなものは、ひと口大の大きさに割ってから食べます。割るときは、左手を器に添えて、動かないようにしましょう。

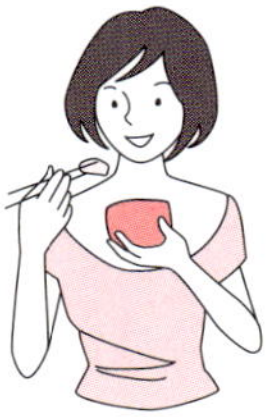

胸ほどの高さまで器を持って、汁気をこぼさないようにします。

これはマナー違反

普段の食事では、何気なくやっていることが、実はマナー違反ということがあるので気をつけましょう。

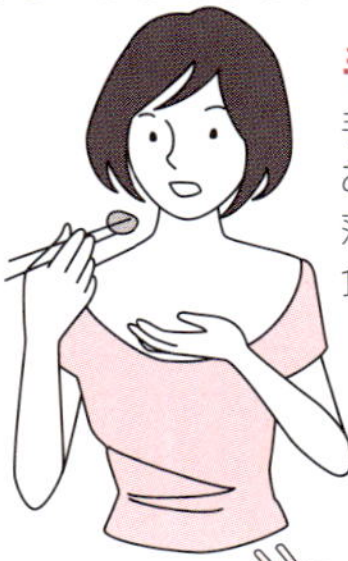

手を受け皿にする

手皿といいます。汁気のある食べ物は、よく汁を落として、懐紙を持って食べます。

食器に口を近づける

犬食いといいます。小鉢のように持っていい器なら手に持って、器を口に近づけます。

はしのマナー違反

はしはマナー違反となるつかい方が多いので気をつけましょう。次のはしの使い方はNGです。

寄せはし

はしで器を近づける。

持ちはし

はしを持った手で器を持つ。

涙はし

はしで持った料理から汁が垂れる。

ねぶりはし

はしをなめる。

フランス料理では、食べながら歓談することもマナーのうち。厳粛になりすぎないように、積極的に話しかけて、披露宴を明るくしましょう。

テーブルマナー

［ 洋食 ］

マナーは基本を覚えたら難しくない

披露宴で出される洋食の多くは、フランス料理です。コースの場合、下のような順で料理が出るのが基本で、一部の料理を省略したり、肉料理のあとにチーズが出たりすることがあります。イタリア料理でも、コースに少し違いがあるだけで、基本は同じです。

マナーにうるさいイメージがありますが、基本を覚えてしまえば、それほど難しくはありません。普段の食事と同じで、他人を不快にさせないことが大事です。

食事中には中座しないのがマナーなので、お酒を注いで回ったりしないように気をつけましょう。

●洋食の流れ（フランス料理）

❶アミューズ・ブーシェ

食前酒とともに食べる小さな料理で、いわゆるお通しのようなものです。

❷オードブル（前菜）

食欲を増進させる味付けの軽い料理です。テリーヌやカナッペが代表的です。

❸ポタージュ（スープ）

スープのことで、冷たいものやとろみのあるものなどバラエティが豊富です。

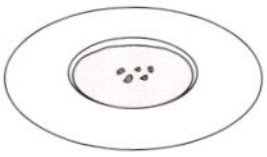

❹ポアソン（魚料理）

白身魚やエビなどの魚介類を使った料理です。切り身や尾頭付きで出ます。

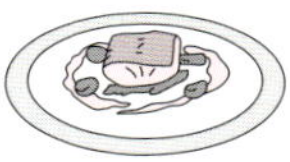

❺ソルベ

魚料理を食べたあと口をさっぱりさせるためのシャーベットです。

❻ヴィアンド（肉料理）

牛や豚、鶏のほか、野ウサギなどの肉を使うこともあります。サラダがつくことも。

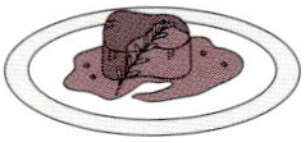

❼デセール

デザートのことで、ケーキやアイスクリームなどの甘いお菓子が出ます。

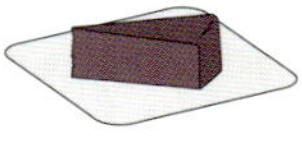

❽カフェ・プチフール

食後のコーヒーや紅茶と、それに合わせて食べる小さな焼き菓子のことです。

●ナイフとフォークの使い方

洋食では、料理ごとに異なった専用のフォークやナイフを使用します。料理の順にナイフやフォークが出されることもありますが、最初からすべて並んでいるのが基本です。外側から順に使います。

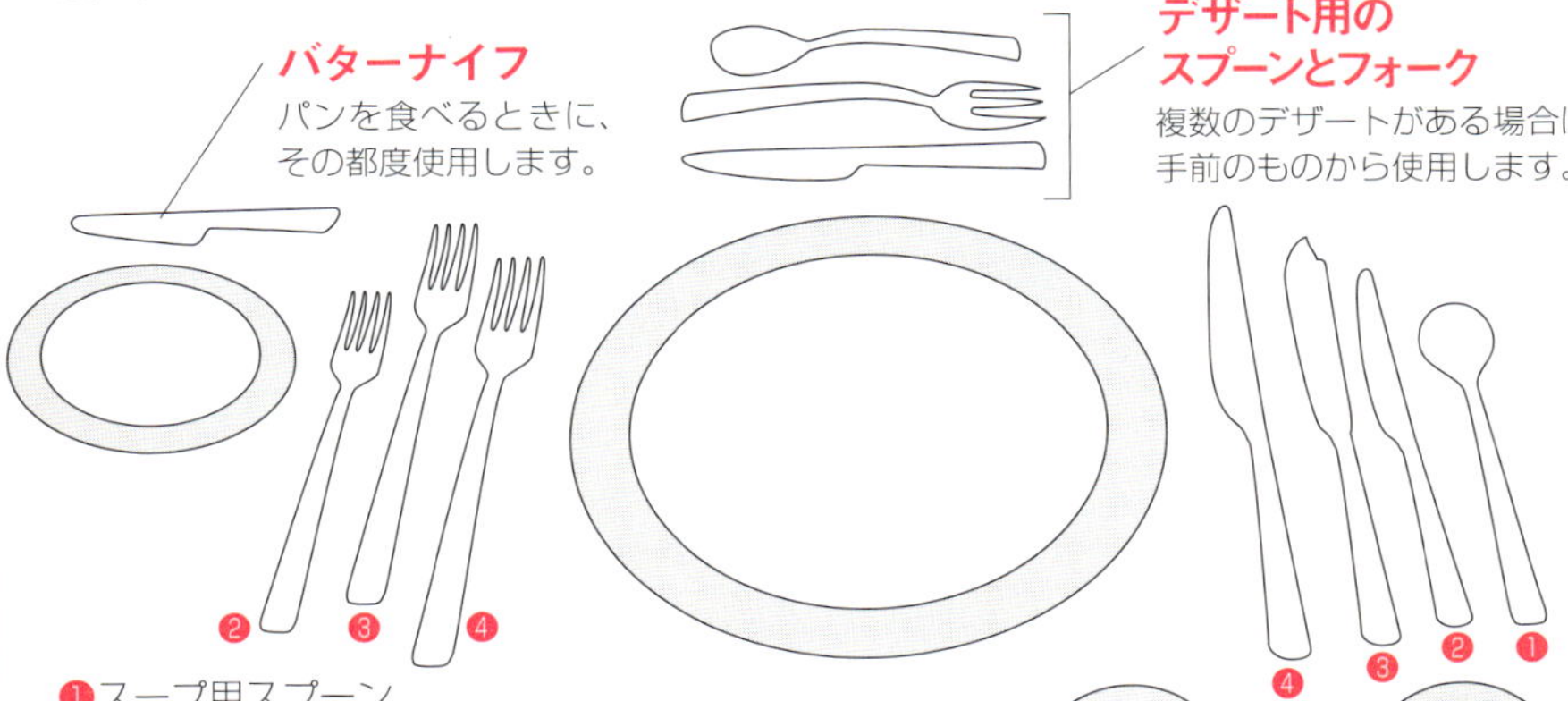
バターナイフ
パンを食べるときに、その都度使用します。
デザート用のスプーンとフォーク
複数のデザートがある場合は、手前のものから使用します。
❷
❸
❹
❹
❸
❷
❶

❶スープ用スプーン
❷オードブル用ナイフとフォーク
❸魚用ナイフとフォーク
❹肉用ナイフとフォーク

ナイフとフォークのサイン
ナイフとフォークの置き方でウェイターに食器を片付けてよいかを示します。

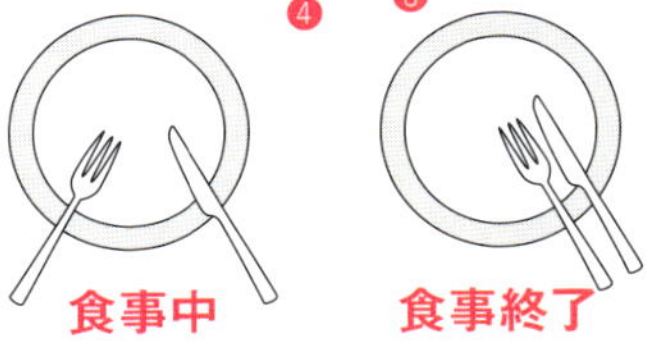

食事中
ナイフとフォークを八の字の形に置きます。

食事終了
ナイフとフォークをそろえて斜めに置きます。

●グラスの持ち方

披露宴ではお酒を飲む機会が多く、人の目も多いので、タンブラーを握るように持つなど品のない持ち方をしないよう気をつけたいものです。

タンブラー
真ん中よりやや下の部分を持ちます。

ワイングラス
脚の上の方を親指と人差し指、中指で持ちます。

●ナプキンの使い方

ナプキンは、口についた汚れをぬぐったり、料理で服が汚れないようにするためのものです。汚れたら内側に折り込んで、見えないようにします。

席を外すとき
ナプキンをたたんでいすの上に置きます。

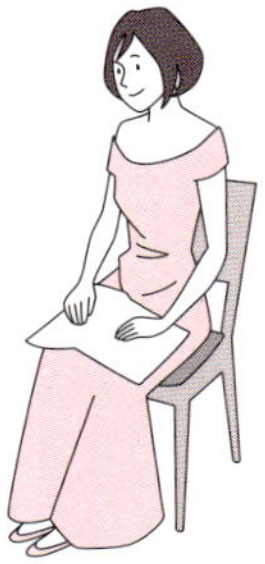

最初の料理が来たら
ナプキンをふたつ折りにして膝の上に敷きます。

洋食のマナー

スープ

スプーンで奥から手前の方へ動かして、スープをすくい、音を立てないようにして飲みます。量が少なくなったら、お皿を傾けてすくいます。飲み終わったら、スプーンをお皿に置きます。

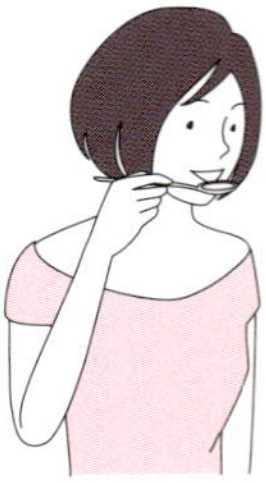

スープをスプーンで口に流し込むように飲みます。

魚料理

魚料理は白身魚やエビなど、さまざまな種類があります。魚の場合は、最初に骨を取り除いてから、ひと口大に切って食べます。エビの場合は、身を殻から外して食べやすい大きさに切ります。

魚は裏返さず、そのまま食べるのがマナーです。

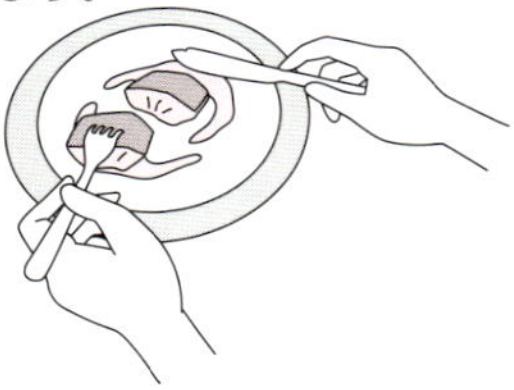

これはマナー違反

外国の文化がもとになっているため、和食とはマナーが異なる部分に特に気をつけましょう。

手で皿を持ち上げる

洋食では、基本的に皿を持ち上げてはいけません。テーブルに置いたまま食べます。

大きな音を立てる

食べるときはもちろん、ナイフやフォークが皿に当たる音もマナー違反となります。

パン

パンはひと口で食べられる大きさにちぎってから、バターを塗って食べます。パンはいつ食べても構いません。おかわりもできます。パンくずはウェイターが処理するので、自分では片付けないこと。

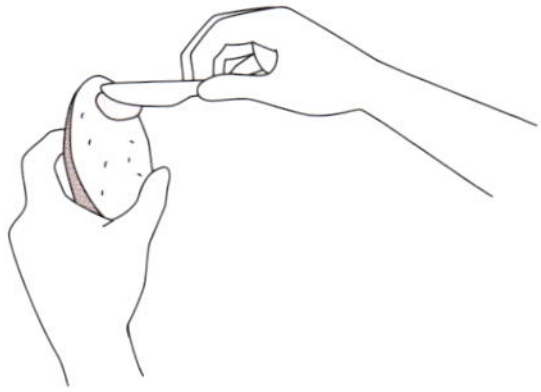

肉料理

肉は左側からひと口大に切って食べます。骨付き肉の場合、切り離すときは、手を使っても構いません。付け合わせの野菜は、手前から食べて、奥の野菜は手前に一度置いてから食べます。

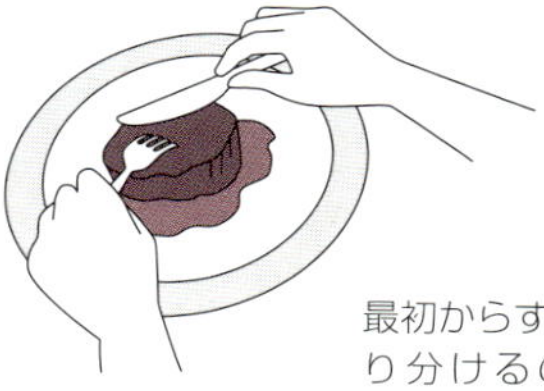

最初からすべて切り分けるのはマナー違反です。

お酒の断り方

お酒は自分や周りの人ではなく、ウェイターが注いでくれます。これ以上いらないときは、グラスの口に手を当てて断ります。

おかわりを尋ねられたときに、さりげない動作で断りましょう。

テーブルマナー ［中華料理］

料理を取り分けるとマナー違反になりますが、お酒は別。場が盛り上がるように、招待客にお酌しながら、あいさつしましょう。

●中華料理のマナー

円卓は右回り

円卓は右回りが決まりです。逆の方向に回したり、人が料理を取っているときに回してはいけません。

料理は自分で取る

料理は自分で好きなだけ取ります。ほかの人のことを考えて、やや少なめに取りましょう。人の分を取り分けるのはマナー違反です。

料理ごとに小皿を替える

違う料理を食べるたびに、小皿を取り替えます。使い終わった小皿を積み重ねて置いても、マナー違反にはなりません。

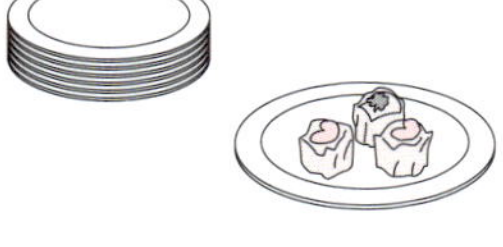

中華料理独特のマナーには注意

中華料理は、和食や洋食と比べるとマナーにうるさくないので、気楽に食べられます。円卓を囲んで食べるので、会話が弾みやすいという利点もあります。ただ、料理を人に取り分けるとマナー違反になります。

●中華料理の流れ

❶前菜

バンバンジーなどの冷たい料理の盛り合わせが出ます。

❷湯菜（スープ）

スープのことです。2種類出てくることもあります。

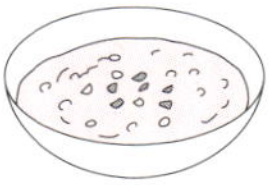

❸主菜（メインディッシュ）

メインディッシュのこと。肉や魚の料理が、4～8品出ます。

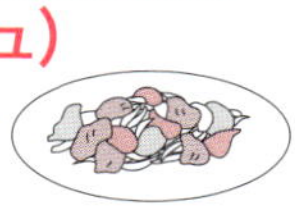

❹主食

チャーハンなどのご飯類や麺類、中華粥が出てきます。

❺デザート

杏仁豆腐やごま団子などの甘い料理や、ライチなどの果物が出ます。

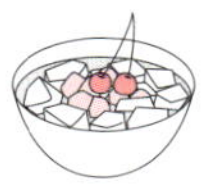

花束の贈呈と謝辞を行う

形式的で堅苦しい謝辞だと、花束贈呈などの感動的な演出が台なしになってしまいます。なるべく自然に、自分の言葉で謝辞を述べましょう。

花束贈呈は新郎新婦の気持ち

披露宴の終盤、新郎新婦から両親への感謝の気持ちとして、花束の贈呈が行われることが多いようです。親としては、少し照れくさい感じがしますが、感動的なシーンとして招待客も期待しています。特に新婦から両親へ、感謝の手紙を披露する演出は、招待客の涙を誘うことも少なくありません。

最近では、花束の代わりに記念品や旅行クーポン券などを贈ることもあります。サプライズとして、祖父母へも贈ることがあります。この場合は、親が準備を手伝ってあげましょう。

花束贈呈では、下席に両親が立って並び、そこへ新郎新婦が歩み寄り、新婦が新郎の母親へ、新郎が新婦の母親へ花束を渡します。この前後で、新婦が両親へ向け、手紙を披露することがあります。

ちなみに、「恥ずかしくて嫌だ」「花束が邪魔になる」など花束贈呈を遠慮したいときは、早めに本人たちに申し出るようにしましょう。

新郎の父親以外が謝辞を述べることも

花束贈呈と感謝の手紙を終えたら、両家を代表して、新郎の父親が招待客へ向けて、披露宴に参加してくれたことへの感謝と新郎新婦への今後の引き立てのお願いを込めた謝辞を述べます。最近では、新婦の父親や新郎も謝辞を続けて述べることがあります。

お見送りでのあいさつは手短に

謝辞が終わると、司会者が披露宴のお開きを告げて終宴となり、新郎新婦と両親は、招待客のお見送りをします。

お見送りをするときは、出口に新郎新婦と両親が立って、招待客ひとりひとりに感謝を述べます。プチギフトを用意しているときは、このときに渡します。

帰る招待客で行列ができますので、感謝の言葉は時間をかけずに、ごく簡単にしましょう。特に感謝を伝えたい人や二次会の相談をしたい人などには、出口の脇で招待客全員が退場するまで待ってもらいましょう。

◉謝辞のときの並び方

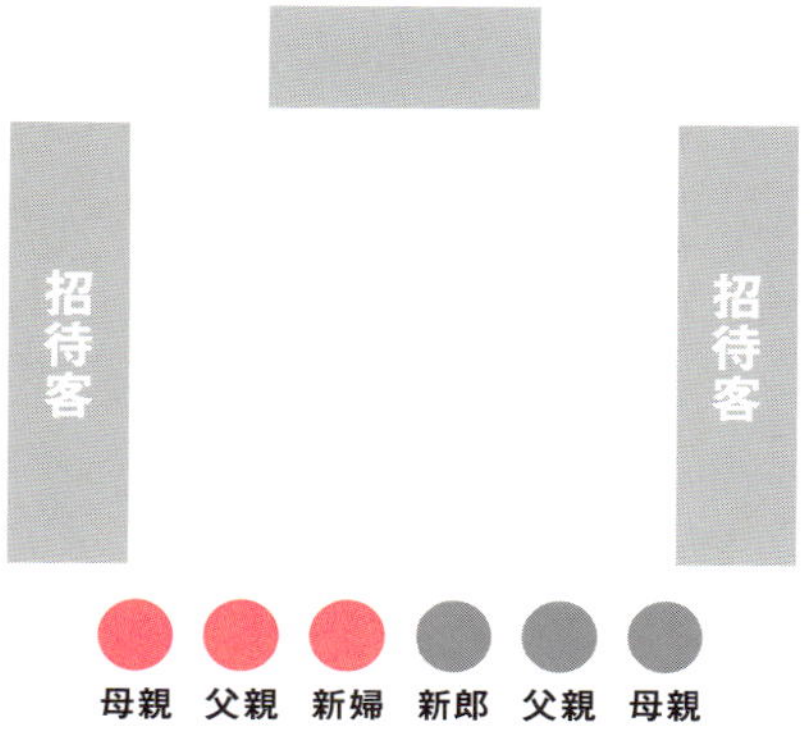

中央に新郎新婦、その両わきに両親が並び、招待客の方を向いてスピーチをします。

◉花束贈呈のときの並び方

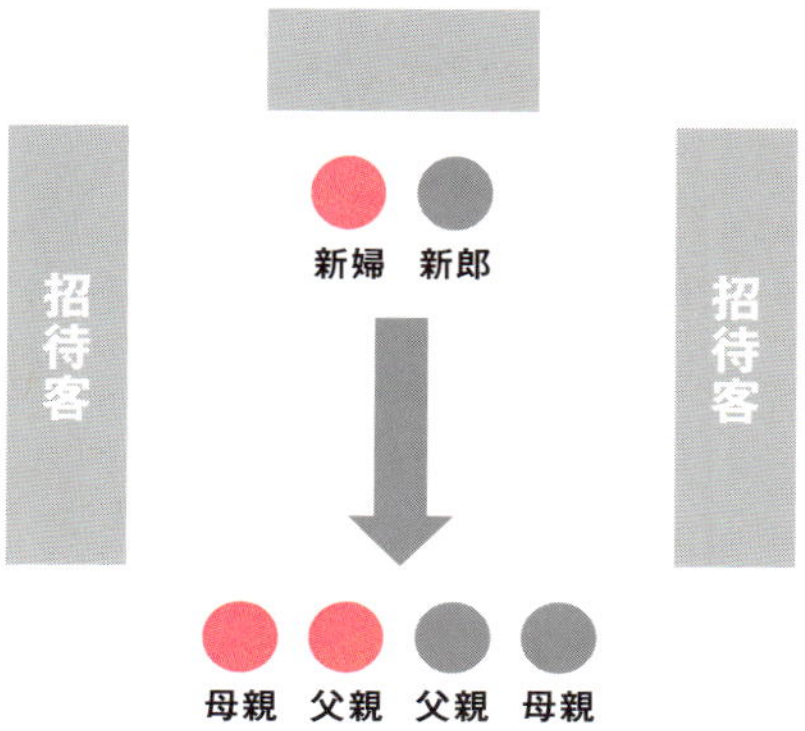

新郎新婦の両親が上席を向いて並び、そこへ向かって新郎新婦が歩いていきます。

◉お見送りのときのあいさつ

披露宴がお開きになったら、出口に新郎新婦と両親がそろって、帰る招待客ひとりひとりにあいさつをします。このとき、プチギフトを手渡すこともあります。主賓や媒酌人が急いでいて、車まであいさつにいく時間がないときは、きょうだいなどの親族にあいさつをお願いします。

主賓

車を手配して、車の前まで見送りにいきます。新郎新婦と両親がそろって、感謝を述べてあいさつをし、車代を渡します。

媒酌人

控え室やロビーで待ってもらい、最後にお礼のあいさつをします。媒酌人へのお礼は、後日あらためて出向いて渡すのが正式ですが、最近は披露宴後に渡すケースが多いようです。

ほかの招待客

出口で新郎新婦と両親がそろって、ひとりひとりにあいさつをします。ひとりあたりのあいさつは短めにします。

◉謝辞のときの姿勢とマイクの持ち方

披露宴の締めくくりとなるスピーチなので、印象に残りやすい場面です。謝辞を述べるときは、立派な姿を見せるようにしっかりと立ち、父親の品格を見せるようにふるまいましょう。

立つ姿勢

背筋を伸ばし、すっきりと落ち着いた雰囲気で、招待客を見て話します。ふらふらと体が動かないように気をつけましょう。

マイクの持ち方

マイクの中央の部分を握り、口から下へ 10 センチほど離します。マイクを立てすぎて体と水平にならないようにしましょう。

どうしたらいい？

親のリアルな悩み相談

Q

相手の親が結婚に反対で式も欠席するとのこと。どうしたらいいですか？

A1

説得する余地があるときは

親としては、まず相手の親に会って、説得する努力をすべきでしょう。子どもが同席すると話しにくいこともあるので、親だけで会うようにします。まず反対の理由をじっくりと聞いたうえで、子どもたちにとって親の祝福がいかに大切かを訴え、賛成してくれるようにお願いします。相手が会うのを拒んだ場合は、手紙を送ります。親として子どもの幸せな結婚を願っていることを伝え、気持ちを変えてくれるようにお願いしましょう。

A2

反対の気持ちが変わらないときは

両家で話し合いを重ねても相手の気持ちが動かないようなら、この段階でそれ以上説得しても効果はないでしょう。強硬に反対していた親でも、孫の誕生などを機に子どもの結婚相手を受け入れるようになるケースもよくあります。結婚を許してもらうために、誠意をもって説得することは大切ですが、あまりしつこくしてさらに関係を悪化させないように気をつけましょう。

結婚相手のほうは式に関して親に相談できないわけですから、なにかと話を聞いてあげるように配慮します。

招待状を出すときは、差出人を両家の親の連名ではなく、新郎新婦の連名にするのがおすすめ。披露宴では最初に、司会者から「新郎のご両親は体調がすぐれないため、出席がかないませんでした」と簡単にアナウンスしてもらうとよいでしょう。なお、親が出席しない場合は、相手の親族も欠席する人が多くなると思われます。両家の列席者数がアンバランスになるので、披露宴の席は新郎と新婦側に分けないような配置を考えましょう。

Q 相手の親は結婚費用をかなり援助するようです。うちはどのくらい援助すべき？

A1 プランがまだ決まっていないときは

結婚費用を援助する余裕がない場合は、子どもに正直に打ち明けて多額の援助はできないことを伝えましょう。最近は、子どもの結婚費用を援助する親が多くなっていますが、当人たちができる範囲で行うのも、新生活のスタートとしてよいのではないでしょうか。

無理に援助をしても家計に響いて、かえって迷惑をかけることにもなりかねません。また、相手の親だけに援助してもらって豪華な式にすると、こちらは肩身が狭い思いをします。子どもから結婚相手に対して、無理のない式にするように提案してもらうとよいでしょう。

両家の今後の関係のためにも、冷静に家の事情を話して理解してもらいましょう。

A2 相手が豪華な式を望んでいるときは

結婚相手のほうから、自分の親が援助するので豪華な式にしたいと言われたら、当人たちでよく話し合ったうえで決めるようにアドバイスします。その結果、結婚相手の希望通りになった場合は、相手の親にあいさつしたほうがよいでしょう。こちらがもし少しでも援助できるのであれば、無理のない範囲で出せる金額を伝えます。「お世話になる一方で申し訳ありませんが、どうぞよろしくお願いします」とお礼を述べましょう。

Q 子どもが豪華な式を計画しています。費用が大丈夫なのか気になります。

A1 しっかり資金プランがあるときは

子どもが豪華な式を望んでいる場合はまず、そのプランを立てた理由を聞いて、資金の内訳を確認するようにしましょう。

たとえば、結婚相手の昔からの夢が、華やかな結婚式だったのでかなえてあげたい、と考えているのかもしれません。相手の親が娘の晴れ姿を楽しみにしているので、豪華な挙式を計画しているケースも考えられます。

費用についても、ふたりの貯金から捻出するか、毎月のローンで無理なく支払えるプランをきちんと立てているのかもしれません。親の援助をあてにしないで、ふたりの力でやるのであれば、親は温かい目で見守ってあげるとよいでしょう。

A2 親の援助を期待しているときは

結婚式は一生に一度のことだからと、つい背伸びしがちです。親の援助を期待して、豪華な式を考えている場合は、子どもと話し合いの場をもって、親の考えをきちんと伝える必要があります。自分たちの力で結婚式をやるべきだと考えているのなら、援助する予定はないことをはっきり伝えます。また、式にかける費用はできるだけ、新生活にあてたほうがうまくいくことなど、自分たちの経験をもとにアドバイスするとよいでしょう。

Q 相手の地域には特別のしきたりがあるのですが、よい対応はありますか？

A1 相手が大切にしているときは

地域によっては、新婦が近所の家を回ってお披露目をするなど、特別なしきたりが残っているところがあります。その地方で長く継承されてきた風習ですから、相手がそれを重んじているのであれば、できるだけ守るようにしましょう。

特に、結婚によって子どもが相手の地域に住むことになる場合は、しきたりを守ることはその土地になじむための第一歩ともいえます。

相手の親から、由来や歴史などを教えてもらえば、ただ形式だけのものではなく、土地に根づいた伝統であることがわかって、同じように大事に思えるようになるでしょう。

A2 子どもが気にしているときは

婚礼のしきたりのなかには、現代では簡略化されつつあるものもあります。たとえば、地域によっては、紅白の幕をかけたトラックに新婦の婚礼道具を積み、新居まで届ける荷送りの儀式を行うところがありますが、最近では省略する女性も多いようです。

子どもがしきたりに抵抗を感じている場合、親としては、どんな内容のものかをまず確認します。そのうえで、子どもがただ面倒で嫌がっているのなら、相手にとっては大切なしきたりなので守るようにアドバイスするとよいでしょう。一方、荷送りの儀式のように派手なことは避け、その分の費用を新生活にあてたいと思っているのなら、子どもの意見を尊重することも大切です。

地域のしきたりを断りたいときは、親が出ていくよりも、子どもたちから相手の親に話してもらったほうが角が立ちません。相手の親がこちらの親に直談判してきた場合も、「申し訳ありませんが、子どもの考えにまかせておりますので」と答えるようにしましょう。

Q 親戚や知人の多くが地方在住のため、こちら側の招待客が少ないのが気になります。

A1 人数の差を目立たせたくないときは

披露宴の招待客は、両家で同じくらいの人数にするのが基本です。しかし、一方の親族に地方在住者が多くて出席できなかったり、一方が仕事関係の人を大勢招待せざるを得なかったりすると、どうしても人数に差が出てしまいます。

披露宴では、新郎側と新婦側の席を分けるのが一般的ですが、そうなると両家のアンバランスが一目瞭然です。可能ならば、新郎側と新婦側の招待客をシャッフルして席を決めると、人数の差が目立ちません。その場合、面識のない人同士がテーブルを囲むことになるので、主賓同士を隣り合わせにしたり、同年代の人を同じテーブルにしたり、座が盛り上がるように配慮しましょう。

A2 地方在住の人にお披露目するときは

結婚はできるだけ多くの人に祝ってほしい一大イベントです。しかし、高齢の祖父母などが地方に住んでいる場合、式に出席するのが難しいこともあります。

そんなときは、地方で改めて披露宴を行うケースもあります。本格的な披露宴をもう一度行わなくても、両親と新郎新婦が地方に出向いて、食事の席を設けてもよいでしょう。あるいは、新婚旅行を兼ねて、新郎新婦だけで地方を訪ね、あいさつする形も考えられます。結婚をきっかけとして、せっかく親戚同士になったわけですから、式に出席できなかった親族ともできるだけ顔を合わせる機会をつくるようにしたいものです。

地方でお披露目をする場合は、披露宴で司会者からアナウンスしてもらうとよいでしょう。「新郎のご親族は沖縄にお住まいの方が多く、本日はお見えになっていない方もいらっしゃいます。新郎新婦は、来月、沖縄を訪問して、ご親族にごあいさつする予定です」と説明すれば、招待客が少ないことも不自然には思われません。

Q 離婚した夫を結婚式に呼びたいと息子に言われましたが、どうしたらいいですか？

A1 母親が再婚していないときは

両親が離婚していても、子どもにとっては父親であることに変わりはありません。結婚式という人生の大切な儀式に、父親に出席してほしいと思うのは当然のことでしょう。離婚の経緯やその後のつきあいなどにもよりますが、母親が再婚していない場合は、別れた夫を結婚式に招待してもよいのではないでしょうか。新郎の両親として、別れた夫と並んで立つのに抵抗があるのなら、親族の席に座ってもらうという方法も考えられます。

気が進まない場合は、子どもに自分の気持ちを伝えたうえで、判断をゆだねてもよいでしょう。それでも父親を呼びたいというのであれば、子どもの気持ちをくんで快く受け入れてあげたいものです。

A2 母親が再婚しているときは

母親が再婚している場合、結婚式には現在の夫とともに夫婦で出席することになります。そうなると、いまの夫の手前もあり、前の夫を招待するのは控えたほうがよいでしょう。父親を結婚式に招待しなかった場合は、新郎新婦と食事をする席を設けたり、結婚式の写真をもって父親の家を訪ねたりして報告するとよいでしょう。父親からは、祝電や手紙でメッセージをもらえば、子どもにお祝いの気持ちが伝わります。

こんなとき
どうする?

挙式・披露宴のトラブル対処法

晴れて迎えた挙式・披露宴当日、予期せぬトラブルが起こることもあります。そんなとき親はあわてずに落ち着いて対処しましょう。

ここでは、意外とよくある挙式・披露宴にまつわるトラブルとその対処法を紹介します。

披露宴が長引きそうな場合

披露宴では、スピーチや余興が長引いたりすることで、時間が押してしまうことがあります。そこで、あらかじめ時間が長引きそうなことを考慮して、親族のスピーチをカットするなど、プログラムの何を省くのか、司会者と打ち合せをしておくとよいでしょう。

結婚指輪を忘れた

意外とよくあるトラブルです。式場が自宅から近く、挙式まで時間に余裕があれば、親や家族が取りにいってもよいですが、そうもいかないことが多いでしょう。結婚指輪を忘れたことに気づいたら、まずは式場スタッフに相談を。式場によっては、サンプル用の指輪を貸し出してくれることもあります。

ご祝儀袋にお金が入っていなかった場合

ご祝儀袋の中身がないと気づいた場合は、会計係から、失礼のないように本人に確認してもらいます。後々トラブルを起こさないためにも、受付の後ろに会計係を置き、ご祝儀を受け取ったその場で、本人に分からないように中身を改めるのがいちばんよい方法です。その場で本人に確認できるので、安心です。

招待客の到着が大幅に遅れる場合

悪天候などで交通機関のトラブルが発生し、遠方からの招待客の到着が大幅に遅れそうな場合は、披露宴開始前に、司会者から状況の説明をしてもらうようにします。出席の場合は、式場担当者に受付をどうすればよいか確認を。出席できそうにない状況なら、式場の担当者と話し合い、空席が目立たないように配慮をしてもらいましょう。

Part＊3

新生活編

新生活が始まったら、子どもたちを見守り、
必要に応じてアドバイスを。
相手の家族とは適度な距離を保ちながら
じょうずにおつきあいをして、
よりよい関係を築いていきましょう。

挙式後に親がすること

新婚旅行に出かけたり、挙式後すぐ仕事に復帰したりした子ども夫婦のフォローは、親の役割。お世話になった人へ、親からのあいさつも忘れずに。

世話を焼きすぎず頼まれたら手伝う

挙式後の新郎新婦は、新婚旅行に出かけたり、仕事をしながら新居の片付けをしたりと、何かと忙しい時期です。いろいろと手伝ってあげたくなりますが、本人たちも自分たちなりの考えがあって行動しています。頼まれたことだけを手伝うようにし、あまり世話を焼きすぎないようにします。

まず親がすべきことは、結婚費用の精算です。式場の費用のほかにも、特に相手の親との費用の精算は、日が開いてしまうとあいまいになったり、トラブルの原因になりやすいので、早めにすませるようにしましょう。

媒酌人へお礼に出向く

媒酌人へのお礼は、挙式後2~3日のうちに、両家の親がそろって媒酌人宅に出向くのが正式です。しかし、それではお互いに時間的な負担が大きいので、最近は披露宴のあとに、お礼の言葉とともに、両家の親と新郎新婦からお礼と車代を渡すことが多くなっているようです(79ページ参照)。

後日あらためてお礼にいく場合、両家の親がそろって出向くのが難しいようなら、媒酌人をお願いした側の両親だけ、または両家の母親だけでお礼にいってもよいでしょう。

本人たちの知り合いに媒酌人をお願いした場合は、新婚旅行から戻ったあと、おみやげを手みやげ代わりにして、本人たちだけでお礼に出向くこともあります。

媒酌人や親の関係者に礼状を出す

披露宴当日に媒酌人に謝礼を渡したときや、お礼のあいさつを本人たちに任せたときは、後日、親から礼状を出すようにします。

また、主賓として披露宴に招いた親族や親の関係者、スピーチや撮影などをお願いした人にも、感謝の気持ちを込めて、親から礼状を出しておきましょう。

礼状には、お世話になったお礼とともに、本人たちへのこれからの厚誼のお願いを書くようにします。

挙式後に親がすべきこと

Check!

翌日

- □ **式場の費用・相手との費用の精算**
  相手側が立て替えている費用があったら、早めに精算を。
- □ **貸衣裳の返却**
  本人たちが行けない場合、延長料金が発生する前に返却。

2〜3日以内

- □ **お祝い金の整理**
  リストにしておくと、今後の子ども夫婦のおつきあいに役立つ。
- □ **媒酌人へのお礼・あいさつ**
  子ども夫婦と両家の親がそろってあいさつ。子ども夫婦に任せた場合は礼状の発送を。

1週間以内

- □ **挙式でお世話になった人への礼状の発送**
  披露宴でスピーチをしてもらった人や親戚にも礼状を。

1カ月以内

- □ **内祝い・結婚通知の発送**
  基本は子ども夫婦から発送する。親の関係者からお祝いを受けとったときは、礼状に親のあいさつも添えて（▶ P.158）。

本人たちから頼まれたら

- □ **披露宴のビデオや写真の整理**
- □ **新居への荷物搬入の立ち会い**
- □ **新居への郵便物・宅配便の保管**

●披露宴でお世話になった人への礼状

前略　先日は真一の披露宴にご足労いただき、ありがとうございました。貞江姉さんのお歌、本当に心に染みました。これから新しく家庭を築いていく二人の心にも、姉さんの温かい気持ちが届いたものと思います。そろそろお疲れが出る頃かと思いますので、くれぐれもご自愛ください。

真一たちが新婚旅行から戻りましたら、改めてごあいさつにおうかがいさせていただきます。これからも、どうか二人を温かく見守っていただけるようお願いいたします。

まずは御礼まで。

草々

●媒酌人への礼状（子ども夫婦にあいさつを任せた場合）

拝啓　日ごとに気温も高くなり、いよいよ夏も近い感がいたします。

先日はお忙しい中、長男真一たちの挙式、披露宴にご媒酌の労を賜り、誠にありがとうございました。菅井様も奥様も、お疲れが出ていらっしゃるのではと案じております。

若輩者の息子がこうして家庭を持つことができるのも、日頃から菅井様のようなよき先輩にご指導いただいているおかげと、深く感謝いたしております。今後とも、新たに家庭を築く二人に、一層のご厚誼を賜りますよう、心よりお願い申し上げます。

本来ならばお目にかかってごあいさつ申し上げるべきところでございますが、略儀にて御礼申し上げます。

敬具

平成○年○月○日

高山　幸則

菅井　隆史様

令夫人

お祝い返しと結婚通知

お祝い返しや結婚通知は本人たちから送ります。親の関係者や親戚へのお祝い返しや結婚通知には、親からもひとこと、あいさつを添えましょう。

お祝い返しは1カ月以内に

披露宴に招待できなかった人や、出席できなかった人からお祝いをもらったときは、1カ月以内に「内祝い」として、本人たちからお祝い返しを贈ります。送り忘れや漏れなどがないように、リストを作ってからお返しの手配をするようアドバイスしてあげるとよいでしょう。

親の知人や遠い親戚など、子どもとあまり面識のない人からお祝いをもらったときも、お祝い返しは本人たちから贈ります。年配の人へのお返しに、どんな品を贈ればいいか悩んでいるようなら、相談に乗ってあげたり、一緒にお返しを選ぶようにします。

内祝いは本人たちが持参してお礼を述べるのが正式ですが、最近は礼状を添えて、デパートやお店から配送してもらうのが一般的です。親の知人には、親からも別便で礼状を送るようにしましょう。

結婚通知は新居のお知らせも兼ねて

結婚通知は、結婚の報告だけでなく、本人たちの新居の住所や連絡先をお知らせする意味もあります。披露宴に招待した人も含めて、お祝いをもらった人、友人、遠方の親族やお世話になった人などに幅広く送付します。送るのは本人たちからですが、親族などの送付先リストづくりには、親も積極的に協力するようにしましょう。

遅くとも挙式から1カ月以内に出すのが基本です。年賀状や暑中見舞いの季節が近いときは、結婚通知と兼ねてもよいでしょう。

手書きのメッセージを添える

最近の結婚通知は、披露宴の写真などを入れたハガキや、パソコンでつくったカードが主流です。そのまま出すのではなく、披露宴への出席のお礼や近況などのメッセージを手書きで添えるようにアドバイスしましょう。

親族や親の知人などに送るときも、差出人は本人たちの名前です。この場合は、本人たちの添え書きのほかに、親からもひとこと添え書きを加えるようにします。

◉結婚通知に添える文例

- 披露宴では温かいスピーチをいただき、ありがとうございました。近々、改めてごあいさつにおうかがいいたします。
- 披露宴の写真を同封いたします。その後お加減はいかがでしょうか。何とぞご自愛ください。
- 披露宴当日はご祝電をいただき、誠にありがとうございました。今後とも若い二人をよろしくお願いいたします。

◉内祝いの表書き

紅白の結び切りでのしをつける。表書きは「内祝」または「壽」(「寿」としてもよい)。新郎新婦の名前か、結婚後の姓を書く。

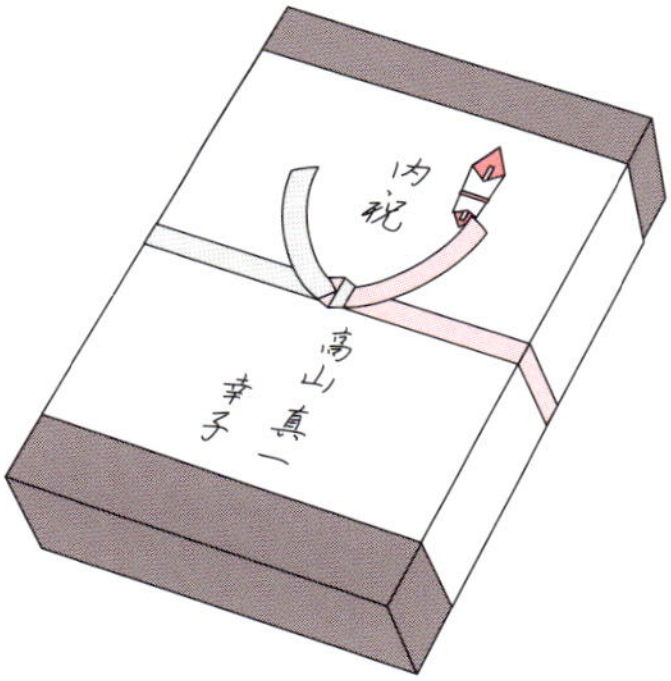

◉内祝いに添える礼状（親から出す場合）

残暑の候、初芝様におかれましては、ますますご清栄のこととお慶び申し上げます。

このたびは長女幸子の結婚に、たいへんけっこうなお祝いの品をいただき、誠にありがとうございました。

二人は○月○日に式を挙げ、晴れて新たな生活をスタートさせました。親族のみの挙式となったため、お招きもいたしませず、たいへん失礼いたしました。

ささやかではございますが、内祝いとして心ばかりの品をお贈りさせていただきますので、ご笑納ください。

何分にも未熟な二人ではございますが、今後ともよろしくご指導くださいますようお願い申し上げます。

末筆ながら、ご一同様のご息災をお祈り申し上げます。

おさいふポイント

●お祝い返しの金額はどれくらい?

お祝い返しに贈る品は、もらった額や品物の半額を目安にします。金額が合うなら、引き出物と同じ品でもかまいません。以前はタオルや寝具、食器などがお祝い返しの定番でしたが、最近は引き出物同様、カタログギフトが喜ばれています。

おつきあいポイント

●複数名でお祝いをもらったときのお返しは?

もらったお祝い金や品物の金額を人数で割った額の半分相当の品を、ひとりずつ返します。会社名でもらった場合など、人数が多いときには、もらった品物の半分相当の金額で、人数分入っているお菓子などをお返しにするとよいでしょう。

●結婚式の写真は誰に送ればいいの?

挙式の記念写真は、写っている親族にだけ送るようにします。夫婦で招待した人へは1枚でよいでしょう。披露宴でのスナップ写真は、写っている人のぶんだけプリントして、結婚通知と一緒に送るようにします。

子ども夫婦とのかかわり方［同居の場合］

たとえ同居でも、子ども夫婦は独立した家庭。同居をはじめたら、お互い気持ちよく暮らすためのルールを早いうちに決めておきましょう。

お互いを尊重し干渉しすぎない

子ども夫婦と同居するときは、新たに家族に加わったと考えず、それぞれ別の夫婦が同じ屋根の下で暮らすと考えましょう。

世代も生活スタイルも異なる夫婦が一緒に暮らすのですから、小言を言いたくなることがあるかもしれません。しかし、お互いに生活リズムや習慣などを尊重して干渉しないことが、同居生活を送るための基本ルールです。

子ども夫婦は忙しいからと、勝手に本人たちの部屋を掃除したりするのも同居のマナー違反。共有スペース以外は、お互い勝手に立ち入らないようにしましょう。

不満がたまらない生活ルールづくりを

なるべくお互いの生活を尊重したいと思っても、同じ屋根の下で暮らしていると、小さな不満がたまってストレスになるものです。

これを防ぐためにも、同居をはじめる前によく話し合い、基本的な生活のルールを決めておきましょう。親のルールを子どもたちに押しつけるのではなく、お互いが我慢せずに楽しく暮らせるルールを一緒につくることが大切です。

それでも気になることがあるなら、我慢せずにはっきりと言うこと。不満が小さいうちに解決することが、よい関係につながります。

近所へのあいさつまわり

同居では、お互いの関係だけでなく、子ども夫婦とご近所の関係も大切です。同居をはじめるときに、母親が女性または子ども夫婦を紹介する形で、あいさつまわりをしましょう。

左右の隣家と向かいの3軒が基本ですが、ほかにも親しくしている家や、町内会、自治会のつきあいがある家があるなら、そちらにもあいさつをしておきます。

マンションなどの集合住宅の場合は、引っ越しのときの騒音などで迷惑をかけることもあるので、上下の部屋や管理人にもあいさつしておきましょう。

同居にあたって決めておきたいルール

Check! 基本ルールの例

- □共有スペース以外の部屋に、お互い無断で入らない
- □お互いの生活リズムや習慣に干渉しない
- □生活費は別々にし、お金の貸し借りは控える
- □食事や洗濯はそれぞれ別々にする

Check! 相談して決めたいルールの例

- □水道光熱費、電話代などの支払いの割合
- □お風呂に入る時間帯
- □共有スペースの掃除の分担

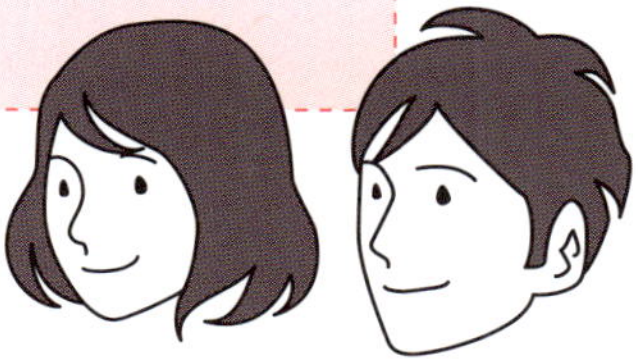

おさいふポイント

●近所へのあいさつの品の金額はどれくらい？

受けとったほうが気をつかわずにすむ、500～1000円程度の品を。タオルや石けんなどの実用品や菓子折が喜ばれます。あいさつの品には紅白の結び切りでのしをつけ、表書きは「御挨拶」または「壽」に（「寿」としてもよい）。親が同居の場合は女性本人の姓名を書きます。

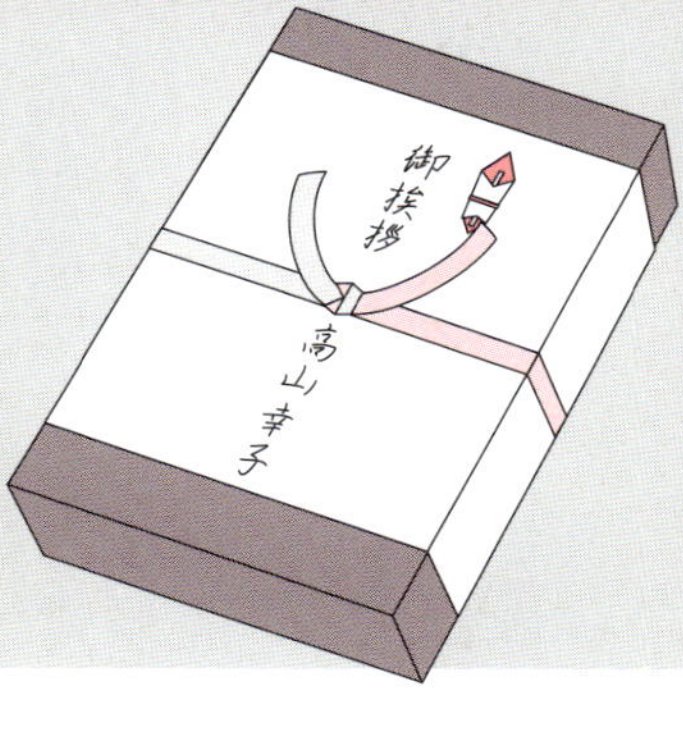

子ども夫婦とのかかわり方
［別居の場合］

子ども夫婦といえども、相手は結婚して独立したひとつの家庭です。なるべく干渉は避け、マナーを守ってよい親子関係を築きましょう。

心配のしすぎや干渉は禁物

子ども夫婦と別居の場合、どんな生活をしているのか、いろいろと心配になるものです。毎日のように電話をしたり、頼まれてもいないのに新居の片付けを手伝おうとしたりなど、干渉しすぎてしまうケースが多く見られます。

子ども夫婦にとっては、ふたりで新しい生活をつくっていく大事な時期です。心配や協力したい気持ちは胸にしまい、適度な距離を保つことを心がけましょう。

自分の子どもとだけつきあうのはタブー

自分の子どもに対して何かをするときは、常に子ども夫婦をセットで考えるようにします。子どもがひとりのときに訪ねていったり、自分の子どもだけを呼んで実家や外で会ったりするのはやめましょう。また、何かを贈るときも、子どもにではなく、子ども夫婦に対して贈るよう心がけます。

子ども夫婦の生活や結婚相手に不満があるときも、かならずふたりに対して伝えるようにします。

結婚相手がいる前では話しづらいこともあるでしょうが、だからといって自分の子どもにだけ不満や愚痴を話してしまうと、子どもは板ばさみになってしまいます。夫婦の絆にキズをつけることにもつながりかねないので、細心の注意を払いましょう。

親子でも最低限のマナーは大切

新居を訪問するときには、必ず事前に連絡をして、子ども夫婦の都合を聞くようにします。自分の子どもだからと連絡せずに訪ねていったり、上がったあとも承諾を得ずに部屋を見てまわったりするのはマナー違反です。

また逆に、気をつかって食事の用意や家事を手伝うのもよくない場合があります。あくまで「お客さま」としてふるまいましょう。

子ども夫婦が訪ねてきたときは、結婚相手が気をつかいすぎたり、退屈したりしないよう配慮を。子どもには、食事の用意を手伝ってもらってもいいでしょう。

これはNG! 子ども夫婦に嫌われる親の行動

用もないのに連絡する ×

子ども夫婦は独立した家庭として接することが大事。ひんぱんに電話をかけるのはタブーです。

自分の子どもだけを第一に考える ×

何かをしてあげるときは、子ども夫婦を平等に扱うこと。子どもが板ばさみになるような行動は避けて。

予告なしで訪問する ×

親子といえども訪問前の連絡は常識。訪問時は親ではなく客としてふるまいましょう。

ひんぱんに家に呼ぶ ×

近くだからと、気軽に食事などに呼ぶのは×。子ども夫婦の予定を大切にしましょう。

子どもの意見!

●部屋を見てまわらないで

新居に訪ねてきてくれるのはいいんですが、あいさつもなく1部屋ずつチェックしてまわるのは居心地が悪いです。もの珍しいだけなのかもしれませんが、言ってくれればちゃんと案内するのに……と思ってしまいます。

●家に来るときは連絡を

「近所まで来たから」「おかずが余ったから」と、気軽に訪問されると、こちらに予定があって困ることも。来るときには事前に連絡してもらいたいです。

おつきあいポイント

●近所づきあいは大切

若い夫婦にとって、ご近所づきあいの大切さは見落としがちなポイント。引っ越したらすぐ、左右の隣家と向かいの3件に、簡単な手みやげを持ってあいさつにいかせるようにしましょう。あいさつの品は500～1000円程度のタオルや菓子折など。紅白の結び切りでのしをつけ、表書きは「御挨拶」または「壽」(「寿」としてもよい)とし、子ども夫婦の姓を書きます。

結婚相手の親とのつきあい方

子どもの結婚相手の親とは、お互い対等の立場で、自然な距離を保ったおつきあいを。季節のあいさつと冠婚葬祭のつきあいは大事にします。

礼儀と適度な距離がおつきあいのコツ

子どもが結婚すると、相手の親や親族との親戚づきあいがはじまります。特に最初のうちはお互いに戸惑いがあるでしょうが、これからの長いつきあいを考えれば、無理は禁物です。

大切なのは、礼儀をつくしながら、適度な距離を保つこと。無理に相手を家に招待したり、相手の招待におつきあいしたりする必要はありません。普段は季節折々のあいさつや、冠婚葬祭のつきあいだけで十分です。ただし、子ども夫婦が相手の家にお世話になったときには、お礼の手紙や電話を忘れないようにしましょう。

相手への気づかいを忘れずに

こちらが子ども夫婦と同居していたり、子ども夫婦の住まいがこちらに近く、よく遊びにきていたりする場合、相手の家族はさびしがっていることもあります。子ども夫婦がお正月やお盆などで帰省するときには、相手の家族を優先させるようにしましょう。

お中元やお歳暮のやりとりは、両家で相談のうえ省略することが多くなっていますが、基本的には相手に合わせます。相手が豪華なものを贈ってくれたからといって、無理に高価なものを贈る必要はありません。長いおつきあいですから、こちらのできる範囲で贈るようにします。

冠婚葬祭では最大限の礼をつくす

相手の家族に慶事や弔事があったときには、きちんと礼をつくしましょう。

相手の家族の誰かが結婚するときには、子ども夫婦と相談してお祝いの金品を贈り、挙式には祝電を打つようにしましょう。もちろん、披露宴に招待されたら出席するようにします。

相手に弔事があったときには、こちらの慶事と重なってしまった場合でも、最優先で出席するようにします。ただし、相手が法事のときは慶事を優先してもかまいません。供物料や供物を贈り、あとから墓参りにいくなどして弔意を伝えましょう。

おつきあいの基本姿勢

① 両家は対等の関係

「嫁にもらったのだから」「同居しているのだから」という態度は禁物。いかなる場合も両家は対等の立場であることを忘れずに。

② 季節のあいさつは忘れずに

年賀状はあいさつとともに近況を添えて。お中元やお歳暮は相手に合わせるようにします。

③ 先方の不祝儀は最優先

不幸があった場合は、通夜か告別式のいずれかには必ず参列するようにします。

④ そのほかのつきあい

引っ越しの手伝いやお見舞いなどは子ども夫婦と相談してから。相手から直接知らせを受けていないのに、何かするのは失礼になることも。

おつきあいポイント

●祝儀の金額の目安

結婚祝い	招待を受けていない場合：1〜3万円 夫婦で呼ばれた場合：5万円
引越	3000〜5000円
出産・入学など	3000〜5000円
お中元・お歳暮	3000〜5000円

●不祝儀の金額の目安

香典（葬儀）	5000〜1万円
供物料（法事）	5000〜1万円
お見舞い	3000〜5000円

子ども夫婦に赤ちゃんができたら

いくらかわいくても赤ちゃんを育てるのは子ども夫婦の仕事ですから、干渉は禁物。孫をめぐって相手の親と争うのは絶対にやめましょう。

干渉しないであたたかく見守る

おめでたのお知らせは、子ども夫婦だけでなく親にとってもうれしいことですが、まずは冷静に。特に出産までは「孫ができた」ではなく「子ども夫婦に赤ちゃんができた」と考えるようにし、干渉は避けるようにします。孫の性別も気になりますが、子ども夫婦のプレッシャーになる場合もあるので、話してくれるのを待ちましょう。

子ども夫婦は、女性はもちろん男性も、期待と同時に不安を抱えています。何か相談を受けたら、先輩としてアドバイスしましょう。

また、妊娠中の健康管理や乳幼児の育て方の常識は、自分たちが子どもを生み育てた時代と、大きく変わっています。子ども夫婦の考え方や育て方を尊重し、自分たちの価値観を押しつけないようにしましょう。

子育ての主導権は子ども夫婦にある

最近は夫婦共働きが当たり前となり、日中は祖父母が孫を預かるケースも多くなりました。かわいさからついつい甘やかしがちになりますが、一緒に過ごす時間が長ければ長いほど、孫に与える影響も大きくなります。

いくらかわいくても、孫は子ども夫婦の子どもです。預かるときには子ども夫婦の方針をよく聞き、それをきちんと尊重しましょう。

孫の取り合いやプレゼント攻めは×

孫がかわいいのは自分たちだけでなく、相手の親も同じです。孫に会いたいがために、休みのたびに子ども夫婦を呼んだり、正月やお盆に帰ってくるよう促したりするのはやめ、両家が平等に孫と接する機会を持てるようにすることが大切です。

また、相手の親と争うようにプレゼントを贈らないようにしましょう。かつては女性側の家が初節句の人形を贈るしきたりがありましたが、今は双方の家から別のものを贈ることも多くなっています。何かプレゼントするときは、子ども夫婦と相談してからにしましょう。

「主な孫の祝いごと」

	お祝い	お祝いの内容	親からのお祝い品・お祝い金のめやす
妊娠5ヵ月	帯祝い	妊娠5カ月目の戌の日に、妊婦が腹帯を巻き、神社で安産を祈願するもの。女性側の家から岩田帯（紅白の絹地を一反ずつと白木綿一反）を贈り、祝い膳を囲む。	男性側の親からは「御帯祝」、女性側の親からは「御酒肴料」として5000円～1万円
誕生	出産祝い	お祝いの言葉と同時に、無事に出産をすませたねぎらいの言葉も忘れずに。	「祝ご出産」として1～5万円
生後7日目	お七夜《しちや》	赤ちゃんの名前を決めて、すこやかな成長を願う。命名書を書き、祖父母と両親がそろって祝い膳を囲む。	「御酒肴料」とし、5000円～1万円
生後1ヵ月前後	お宮参り	祖父母と両親がそろって氏神様にお参りをする。赤ちゃんは男性側の祖母が抱くのがならわしだが、今は両親が抱くことが多い。	「祝お宮参り」または「御祝」として5000円～1万円。
生後100日前後	お食《く》い初《ぞ》め	一生食べるものに困らないようにとの願いを込めて、両家の祖父母と両親がそろって行う。もっとも年長の者が赤ちゃんに食べさせるまねをする。	「祝食い初め」として5000円～1万円。
満1歳	初節句	はじめて迎える節句。女児は3月3日、男児は5月5日。女性側の家から節句の人形を贈るならわしがあったが、今は両家で折半としたり、別のものを両家から贈ったりすることが多い。	現金の場合「祝初節句」として5～10万円
満1歳	誕生日	満1歳の誕生日の御祝い。地域によっては、親族が集まって盛大にお祝いするところもある。	現金より、必要なものを子ども夫婦に聞いて贈るのがよい。5000円～1万円
3歳・5歳	七五三	女児は3歳と7歳、男児は5歳（または3歳と5歳）。11月15日前後に神社にお参りし、祝い膳を囲む。	「御祝」または「祝七五三」として1～2万円
4～6歳	入園・入学	子ども夫婦と相談し、ランドセルや机など、学業に使う品を贈るのが一般的。	現金の場合「御入園祝」「御入学祝」として1～3万円

親のトークワザ

●出産の里帰りのとき、親からのあいさつはどうすればいい？

子どもの相手が出産のために里帰りするときは、必ず子ども（夫）も同行し、「妻がお世話になるので、よろしくお願いします」とあいさつさせるようにしましょう。このとき、子どもから相手の親に、生活費として1カ月あたり3～5万円程度を渡します。

こちらの親から相手の親へ金品などを送るのは基本的にタブー。電話であいさつするときは、「本来なら私どももお手伝いするところですが、遠方のためお手伝いできず申し訳ありません」という姿勢で。「うちの嫁が～」という話し方をしないようにしましょう。

どうしたらいい？

親のリアルな悩み相談

Q 娘が里帰りしたとき、結婚相手とどう接したらいいですか？

A1 新しい家族として過ごすときは

子どもが里帰りしたとき、結婚相手も一緒だと、どんな話をしていいのか、気づまりに感じる人もいるようです。結婚当初は相手のほうも緊張しているはずなので、こちらから仕事のことや親の近況などを尋ねて、話を引き出すようにします。気軽に好きなテレビ番組や食べ物などの話をしてもいいでしょう。最初はぎこちない関係かもしれませんが、顔を合わせる機会が増えるにしたがい、少しずつ家族らしくなっていくはずです。

A2 親子水入らずで過ごしたいときは

子どもが里帰りしたら、昔のように親子だけで過ごしたいと思うときもあるでしょう。そんなときは、子どもに自分の思いを伝えてみては。ただ、否定的な言葉にならないように気をつけて。親から自分の結婚相手とはあまりつきあいたくないと言われたら、誰でも傷つきます。「たまには、かわいかった娘に戻って一緒に過ごしてほしいな」など前向きな言葉で誘うのもよいでしょう。

また、子どもはすでに独立して新しい家庭を持ったわけですから、結婚相手を受け入れ、じょうずにつきあっていく方法を考えましょう。子どもの結婚相手が一緒だと疲れるのは、歓待しようとがんばりすぎるのも一因ではないでしょうか。家族としてこれから長くつきあっていくわけですから、無理はしないことが大切です。いつも手作りのごちそうでもてなしたりしていると、自分が疲れるだけでなく、相手にも気をつかわせることになります。たまには外で食事をしたり、子ども夫婦に家事を手伝ってもらったりするとよいでしょう。

Q

相手の親からよくお誘いがあるのでじょうずなつきあい方を教えてください。

A1 つきあいを深めたいときは

子どもの結婚を機に親戚となったわけですから、親同士も仲良くできれば理想的です。相手の親と気が合う場合は、友人として親しくつきあっていくとよいでしょう。ただ、両家の間柄のことを考えると、普通の友人とつきあうとき以上に、相手に対する礼儀や思いやりは忘れないようにしたいものです。

いくら親しくなっても、相手に甘えすぎたりしないように気をつけましょう。食事代などは割り勘にしたり、交替で払ったりして、一方だけが負担することのないようにします。贈り物をもらったときも、同等の物をお返しするなどの配慮が必要です。節度のある大人のつきあいをすれば、友人としてもうまくいくはずです。

A2 誘いを遠慮したいときは

相手の親とあまり気が合わないような場合は、無理をしてつきあっていると、かえって関係が悪くなりかねません。誘いを受けたからといって、いつもつきあう必要はないでしょう。

都合の悪いときは遠慮せずに、「先約がありまして」と断っても失礼ではありません。親戚として長くつきあっていくわけですから、無理をしないことが良好な関係を保つコツといえます。

Q 相手の親からよく高価な頂き物をします。同等の物を返したほうがよいでしょうか？

A1 辞退したいときは

相手は好意で贈ってくれたとしても、あまり高価な物をもらうのは負担になるものです。頂き物をしたときは、同等の物をお返ししたうえで、今後は辞退したいことを伝えましょう。「これからはお互いに気をつかわないことにしませんか」と提案したり、「高価な物をいただくと恐縮しますから、お気づかいなく」と伝えます。

それでも贈り物が届くようなら、「どんな物をお返ししてよいのかわからないものですから、今後はご辞退させてください」と断るとよいでしょう。子どもを理由にして断るのも、角が立たないもの。「そんな高価なものはいただけないので、お返しするように言われました」と話せばよいでしょう。

A2 経済的にお返しが難しいときは

同等の物をお返しする経済的な余裕がないときは、率直にそのことを相手に伝えましょう。無理をしてお返ししていると、相手に対する不満がつのり、かえって両家の関係が悪くなってしまいます。「なにぶん年金暮らしなものですから、高価な物をいただいてもお返しすることができません。心苦しいので、どうぞお気づかいのないようにお願いいたします。お気持ちだけちょうだいいたします」と伝えれば、相手もわかってくれるでしょう。

Q 相手の親からお金を貸してほしいと頼まれたのですがどうすべきですか？

A1 借金の申し込みを断りたいときは

お金の貸し借りはトラブルのもと。特に親しい人の間では避けたほうが賢明です。とはいえ、相手の親から借金を頼まれた場合、すぐには断りづらいでしょう。また、相手に対しても、即座に断るのは失礼です。

相手の話を聞いたうえで、「すぐにはお返事できないので考えさせてください」といったん返事を保留し、遅くとも翌日には返事をするようにします。「妻ともよく相談しましたが、わたくしどもには余裕がなく、融通することは難しいようです」と断るとよいでしょう。経済的に余裕があることを先方が知っている場合は、「お金の問題で、子ども夫婦の関係が悪くなってもいけないのでご容赦ください」とはっきり断ります。

A2 お金を貸してもよいと思ったときは

困っている人を目の前にして、借金を断るのは心苦しいものです。ましてや、子どもの結婚相手の親ですから、できるなら助けになりたいという気持ちになることもあるでしょう。もしお金を貸すのであれば、今後、どんなことが起こり得るかをよく考えることが大切です。借金が返ってこなかった場合を想定して、いろいろ考えてみましょう。

まず、こちらの家計に支障はないでしょうか。借金を機に、子どもの結婚相手や、相手の親との関係がぎくしゃくすることも十分にあり得ます。また、子ども夫婦の関係に及ぼす影響についても、よく考えましょう。子どもは気にしなくても、結婚相手のほうは肩身が狭い思いをし、ふたりの関係も変わってしまうかもしれません。

お金を貸すなら、返済に関する取り決めを設け、場合によっては書類を用意することも考えましょう。

子ども夫婦ともよく話し合ったうえで、慎重に結論を出すことです。

Q 娘がよく孫を預けにくるのですが、断るときはどうすればいいでしょうか。

A1 親の気持ちに気づいていないときは

子育てをはるか昔に卒業した年代にとっては、いくらかわいい孫でも「面倒を見るのはちょっと…」という気持ちになって当然かもしれません。子どものほうは「孫と遊べるのだから、親孝行になる」くらいの軽い気持ちで預けているケースも多いようです。また、実家が近く、親がまだ元気だと、子どものほうはつい甘えてしまうこともあります。

孫を預かるのが習慣になってしまっている場合は、まず3回に1回くらいは口実をつけて断ることから始めてみてはどうでしょうか。「友だちと約束があるので都合が悪い」「体調が悪いので今回は無理」などと断り、預かる回数をだんだん減らしていくとよいでしょう。

A2 孫の面倒を見るのがきついときは

孫を預かって面倒を見るのは、かなりの重労働です。特に動きが活発な幼児が相手だと、体力を消耗してしまいます。また、孫を預かるということは安全に責任をもつということでもあるので、肉体的な疲労だけでなく、精神的な負担も大きいものです。孫の面倒を見ることが心身ともにきついような場合は無理をしないで、子どもとよく話し合ってみましょう。

たとえ親子の間でも、あまりストレートに話すと角が立ちます。「わがままな子で、言うことをぜんぜん聞いてくれない」「いつまでも泣きやまないので疲れる」などと、孫のことを悪く言ったりしないこと。

それよりは、こちらの年齢や肉体的な負担を理由にするとよいでしょう。「年のせいか、一日預かるとクタクタになってしまって、そろそろ無理みたい」「最近、心配性になって、ケガをさせないようにと思うと、一時も気が抜けない」などと説明すれば、親子関係にヒビが入ることもありません。

Q
相手のきょうだいや親戚にも年賀状やお中元・お歳暮を送るものですか？

A1
親戚と通常のつきあいをするときは

一般的にいうと、子どもの結婚相手のきょうだいや親戚に対して、年賀状やお中元・お歳暮を送る必要はないでしょう。子ども夫婦と特別に親しい人は別として、通常は冠婚葬祭のときにおつきあいする程度です。

とはいえ、せっかく親戚になったのだから、親しくつきあいたいと思っている人もいるでしょう。その場合、年賀状を送るくらいなら、相手に負担をかけることはありません。もし相手からお中元・お歳暮が送られてきたときは、お返しをしたうえで、来年からはやめるように提案するとよいでしょう。「お互いさまですから、今後はお気づかいのないようにお願いいたします。こちらも失礼させていただきますので」と伝えます。

A2
特別に親しい親戚がいるときは

子ども夫婦が日ごろからお世話になっているきょうだいや親戚がいる場合は、親としても感謝の気持ちを伝えたいところです。年賀状を送り、子ども夫婦への愛顧に対して、ひと言お礼を述べてもよいでしょう。

ただ、お中元・お歳暮の場合は、子ども夫婦に聞いてから贈るようにします。勝手に親が贈ると、相手に負担をかけ、気をつかわせてしまうことがあります。事前に子ども夫婦に確認してから贈るようにしましょう。

結婚にまつわる手続き

婚姻届

手続きの流れ

1 婚姻届を入手する

役所で用紙をもらう。
予備に2通もらっておくとよい。

※自治体によってはインターネットからダウンロードして入手できる。必ずA3用紙にプリントアウトすること。

2 記入する

必要事項を記入し、署名・捺印をする。証人欄に証人（20歳以上）2名の署名・捺印が必要。

※書き損じたら、最初から書き直すこと。修正液や修正テープの使用は不可。

3 必要書類をそろえる

- 男性女性ともに同じ本籍地で、本籍地の役所に提出するとき
  …婚姻届のみ
- 男性の本籍地に提出するとき
  …婚姻届と女性の戸籍謄本
- 女性の本籍地に提出するとき
  …婚姻届と男性の戸籍謄本
- どちらの本籍地でもない場所に提出するとき
  …婚姻届と男性と女性の戸籍謄本

4 提出

記入もれがないか確認して役所の窓口に提出する

※未成年者の場合は親の同意書（任意の書式）が必要です。

提出するのはいつ？

婚姻届の提出は結婚式の前でも後でもかまいません。海外挙式や新婚旅行を海外で予定しているなら、パスポートの手続き上のことを考えて、挙式2カ月前に提出するのがベスト。

提出先は次のいずれか

- 夫の本籍地
- 夫の住所地または所在地（※）
- 妻の本籍地
- 妻の住所地または所在地

※所在地＝旅行先など一時的な滞在地も含みます。

Check!

□提出は全国どこの役所でも、24時間365日受付可能

□必要書類さえそろっていれば、旅行先の役所での提出も可能。そのときには身分証明書が必要です。

□親などの代理人や郵送による提出もＯＫ。

□念のため印鑑も持っていきましょう。

結婚前後に必要な届出

結婚して、住所や氏名が変わると、変更手続きが必要な届出があります。
こうした手続きは、挙式などの準備であわただしくしていると、見落としてしまいがちです。
子どもたちが届出を出すべきところを知っているか、確認をして
必要であれば親がサポートしましょう。

引っ越し関係

	提出期限	提出先
□転出届	引っ越し前後14日以内	市区町村の役所（旧居）
□転入届	引っ越し後14日以内	市区町村の役所（新居）
□転居届け（新居が前の市区町村と同じとき）	引っ越し後14日以内	市区町村の役所

印鑑登録届

□印鑑登録廃止届	期限なし	市区町村の役所（旧居）
□印鑑登録届		市区町村の役所（新居）

国民年金・国民健康保険

□国民健康保険	退職後14日以内	市区町村の役所
□国民年金	退職後すぐ	市区町村の役所

名義・住所変更

□パスポート	婚姻届提出後すぐ	住民登録をしている都道府県の旅券窓口
□免許証	婚姻届提出後すぐ	最寄の警察署、運転免許センター
□自動車登録	婚姻届提出後すぐ	所轄の陸運事務所
□銀行口座	婚姻届提出後すぐ・引越し後すぐ	口座開設支店、最寄の支店
□クレジットカード	婚姻届提出後すぐ	カード会社
□生命保険・損害保険	婚姻届提出後すぐ	各生命保険会社、各損害保険会社

監修者

清水勝美

しみず　かつみ

冠婚葬祭コンサルタント。元伊勢丹「儀式110番」相談員。儀礼文化学会会員。1939年、福島県生まれ。1958年、株式会社伊勢丹入社。立川店総務部長、立川店外商部長、新宿店家庭用品販売部長、儀礼担当部長などを経て、1993年に冠婚葬祭についての質問に答える「儀式110番」を開設。2004年に退社するまで名物相談員として活躍する。テレビやラジオ出演、新聞掲載も多数。著書に『迷ったときの三択式 冠婚葬祭』(草思社)など。

カバー・本文デザイン　佐藤秀紀
イラスト　はせがわひろこ(装丁、「はじめに」、「親のリアルな悩み相談」)
　山脇　豊(Part1-3)
編集協力　株式会社フロンテア

子《こ》どもが結婚《けっこん》を決《き》めたら
親《おや》が読《よ》む本《ほん》

2011年11月30日　第1刷発行
2018年 4 月20日　第9刷発行

監修者　清水勝美
発行者　中村　誠
印刷所　図書印刷株式会社
製本所　図書印刷株式会社
発行所　株式会社日本文芸社
〒101-8407　東京都千代田区神田神保町 1-7
TEL 03-3294-8931(営業)　03-3294-8920(編集)
Printed in Japan　112111120-112180406 Ⓝ09
ISBN978-4-537-20947-1
URL https://www.nihonbungeisha.co.jp/

(編集担当:角田)